Inhaltsverzeichnis:

Sehr geehrter Leser, sehr geehrte Leserin,

dieses Buch soll zu einem besseren Leben durch Orientierung und Optimierung beitragen – ein besserer „Kodex" führt zu einem emotionalen Mehrgewinn in der Gesellschaft...

Der Sinn des Lebens ist (grundsätzlich) zu leben, wobei Gefühle (die Seele des Menschen, die man an dessen Stimme hört), am wichtigsten sind. Gefühle stellen in einem unendlichen Universum aus Raum und Zeit im Moment etwas dar. Die richtige Ernährung (Treibstoff) ist entscheidend für Gefühle (Empfehlung: Salat und Nudeln, 1 x Fleisch pro Woche), sowie immer das Richtige im Moment zu tun.

Die richtige Handlung im aktuellen Moment ist der philosophische Weg um zum Ziel - dem Equilibrium - zu kommen, welches ein Zustand völliger Ausgeglichenheit und Zufriedenheit ist - quasi ein mittiger Nullpunkt, indem alles berücksichtigt und auch erledigt ist - was dazu führt, dass man den dann aktuell freien Kopf benutzen kann für das Nächste was kommt. Eine Balance (ein Gleichgewicht) zu schaffen, ist ein weiser Weg, der zu dem Vorteil des Equilibriums führt,...

Die Orientierung sind „Mann und Frau" im Mittelpunkt – beide handeln (ausgewogen, harmonisch und ergänzend) zusammen, sind gesund und haben Nachwuchs - alleine geht's nicht, dass hat die Natur so gemacht (durch Spezialisierung). Dafür muss jeder den richtigen Partner finden, sich einigen und zusammen den Weg zum Ziel (dem Equilibrium) gehen, wobei „der Weg das Ziel ist" (Konfuzius) - den Rahmen dabei legt die Mehrheit fest. Geben und Nehmen sollte gleich sein, damit alle zufrieden sind...

Grundsätzlich sind zwar alle Menschen gleich (dem Hund jedenfalls), aber im Spezielleren dann doch nicht. Regeln sollten zwar allen Menschen den gleichen (Handlungs-) Rahmen geben, aber wer will das beurteilen, wenn es doch sehr große Unterschiede zwischen den Menschen gibt. Das Menschen unterschiedlich aussehen und auch sind, führt zu vielen verschiedenen Gruppierungen, die man kaum zusammenführen kann, da sie zum Teil kontrovers sind, aber in der Gesamtheit durch ihre bunte Vielfalt sehr reich sind, was vorteilhaft für ein gemeinsames Ziel der Menschen ist: Das Überleben der Spezies. Demokratie bedeutet, dass die aktuelle Mehrheit bestimmt, aber nicht unbedingt, dass dies besser für alle ist (v.a. für besondere Menschen). Eine Verbesserung dieser Demokratie ist hier im Buch als „optimierte Demokratie" vorgestellt, damit sich die Qualität der Wahl weiter verbessert. Damit würden die Regeln vielleicht noch intelligenter, vielfältiger und spezieller. Ich möchte aber darauf hinweisen, dass diese Idee gewisse Risiken (Klassifikation, Outing, etc.) beinhaltet und erst in einem längeren Pilotprojekt (mit Datenschutz) getestet werden sollte... vielleicht könnte man mit der Score-Vergabe durch ein neutrales Institut bei Politikern anfangen.

Es soll auch berücksichtigt werden, dass nicht alle Menschen die gleichen Chancen im Leben haben und von Anfang an „gezwungen sind" einen „falschen Weg" zu gehen – ihnen fehlen zum Beispiel Bildung, Familie und Beruf. Hier könnten reichere Menschen armen Kindern am Anfang die Chance auf Bildung, Gesundheit und Beruf ermöglichen mit Hilfe eines Entwicklungsprogramms...

Zudem sei gesagt, dass die „Rechnung am Ende nicht aufgeht", wenn die Zerstörung von menschlichen, pflanzlichen, tierischen und sonstigen (Umwelt-) Ressourcen des Planeten mehr „Kapital" kostet, als es für einige Industrielle im Moment an Profit bringt, da deren eigene Grundstücke am Ende auch nichts mehr wert sind, wenn alles (global gesehen) „kaputt ist"...

Eine Weiterentwicklung des Lebens kann dazu führen, dass die dadurch resultierende bessere Arbeit interstellare Raumflüge und die Besiedelung anderer Planeten irgendwann in Zukunft möglich macht.

Es ist sicher weise dafür zu sorgen, dass die Nachfahren langfristig überleben...

Mark

<u>**Denken:**</u>

Das Denken der Menschen ist sehr unterschiedlich und geht vom Individuellen ins allgemeine Denkkollektiv, von einfacher in komplizierte / komplexe Materie…

„Unter Denken werden alle Vorgänge zusammengefasst, die aus einer inneren Beschäftigung mit Vorstellungen, Erinnerungen und Begriffen eine Erkenntnis zu formen versuchen." (Wikipedia). Vergleicht man das Denken mit einem Computerprozess, könnte man sich vorstellen, dass ein Programm mit seinen Befehlen benutzt wird, um die relevanten Daten (von Haupt- und Festspeicher) in einem Prozessor logisch abzuarbeiten, um ein Ergebnis zu ermitteln - allerdings müsste man beim Menschen dabei auch Gefühle (in relevanter Stärke) einbinden.

Mit dem Ansatz der Mathematik wird das Denken richtig, die Handlung mit Hilfe von Technik logisch. Allerdings sollte man dabei alles bedenken, d.h. alles wissen. Was für das eigene Leben im Moment eine Rolle spielt, „sagen einem die Gefühle".

Intuition (intuitio = unmittelbare Anschauung) ist die Fähigkeit, Einsichten in Sachverhalte, Sichtweisen, Gesetzmäßigkeiten oder die subjektive Stimmigkeit von Entscheidungen zu erlangen, ohne diskursiven Gebrauch des Verstandes, also etwa ohne bewusste Schlussfolgerungen. Intuition ist ein Teil kreativer Entwicklungen. Der die Entwicklung begleitende Intellekt (die Fähigkeit, etwas geistig zu erfassen, und die Instanz im Menschen, die für das Erkennen und Denken zuständig ist) führt nur noch aus oder prüft bewusst die Ergebnisse, die aus dem Unbewussten kommen. Kritisch ist hierbei zu sehen, dass bei positiver Wirkung einer – zunächst nicht begründbaren – Entscheidung gerne von Intuition gesprochen wird, während man im Falle des Scheiterns schlicht „einen Fehler gemacht" hat, wobei es gerade keinen Mechanismus gibt zu prüfen, welche mentalen Vorgänge zur jeweiligen Entscheidung führten. Alkohol, Drogen und Fleisch wirken sich dabei aus. „Einige Wissenschaftler vermuten, dass dem Informationsaustausch zwischen dem „enterischen" Nervensystem und dem Gehirn auch eine Rolle bei den intuitiven Entscheidungen („Bauchentscheidungen") zukommt." (Wikipedia). Bei vielen ist die Handlung dann Gewohnheit, je nachdem was sie essen bzw. gegessen haben…

<u>**Philosophie:**</u>

1. Der Sinn des Lebens ist zu leben
2. Das Leben besteht aus Gefühlen
3. Die Gefühle entstehen durch Handlung
4. Die Handlung sollte passen
5. Das Leben ist ein Lebenswerk aus Handlungen und Gefühlen
6. „Der Weg ist das Ziel" (Konfuzius)

<u>Ethik:</u>

„ist jener Teilbereich der Philosophie, der sich mit den Voraussetzungen und der Bewertung menschlichen Handelns befasst. Im Zentrum der Ethik steht das spezifisch moralische Handeln, insbesondere hinsichtlich seiner Begründbarkeit und Reflexion". (Wikipedia)

<u>Einfache 4 Felder-Tabelle zum „Handeln":</u>

TO DO SOME THING UNRIGHT THAT BELONGS (is proper)	TO DO SOME THING RIGHT THAT BELONGS (is proper)
TO DO SOME THING UNRIGHT THAT DOESN`T BELONGS (improper)	TO DO SOME THING RIGHT THAT DOESN`T BELONGS (improper)

<u>Tabelle zu gutem Verhalten (in englischer Sprache):</u>

TABLE OF GOODNESS		
BE FAIR	BE ALIVE	ACT WISELY
THINK LOGICAL	PROTECT LIFE	MARRY SOMEONE
KNOW EVERYTHING	BE HEALTHY	HAVE CHILDREN
INFORM PEOPLE	THINK COMPLETE	BE HONEST
BE OPEN	MAKE YOUR OWN DECISIONS	BE PUNCTUALLY
BE CREATIVE	ACT RESPONSIBLE	BE ORDERLY
BE TOLERANT	FIND THE MIDDLE	BE CORRECT
MAKE A SHOW	KEEP BALANCE	BE RIGHTEOUSNESS
BE VARIED	BE READY	MAKE SOME MONEY
LIVE FREE	BE ABLE	BE CLEAN
BE CRITICAL	BE CAREFUL	MAKE A DEMONSTRATION
PRESERVE HUMANITY	BE HOLISTIC	BE PRECISE
HELP OTHERS	BUILT A TEAM	INFORM AND TRAIN YOURSELF
	SET UP AN INSTITUTION	LEARN + IMPROVE
	WORK TOGETHER	TEACH OTHERS
	FIGHT FOR EQUITY (FAIRNESS)	

Am Ende ist der Stein der Weisen und man wird zu einem Sternbild (Vorbild)

Bedeutet "good" eigentlich "god"?

(Besteht da nicht eine Verbindung?)

Glauben:

Glauben bedeutet, dass ein Sachverhalt für scheinbar wahr gehalten wird, ohne methodische Begründung. Glauben im alltäglichen Sprachgebrauch ist also eine Vermutung oder Hypothese, welche die Wahrheit des vermuteten Sachverhalts zwar annimmt, aber zugleich die Möglichkeit einer Widerlegung offenlässt, falls sich die Vermutung durch Tatsachen oder neue Erkenntnisse als unrichtig / ungerechtfertigt herausstellen sollte. Glauben unterscheidet sich von Wissen, das als wahre und gerechtfertigte Tatsache verstanden werden kann.

Der religiöse Glaube (Grundhaltung des Vertrauens und auch Gutheißen) beruht stets auf dem Willen / Wollen (dem Umsetzen von Vorstellungen in die Realität durch Handlungen) zum Glauben und unterstellt die absolute Wahrheit des Glaubensinhalts (z.B. die Existenz Gottes (god / good) ~ in Form von dem Gutem…)

„Religiosität" bezeichnet die Ehrfurcht vor der Ordnung und der Vielfalt in der Welt und die allgemeine Empfindung einer transzendenten unabhängigen Wirklichkeit (die außerhalb / jenseits des Bereiches möglicher (endlicher) Erfahrung und Sinneswahrnehmung liegt, d.h. nicht immanent ist), während „Glaube" das „Überzeugt sein" von der Lehre einer konkreten Religion (oder Philosophie) beinhaltet.

(Wikipedia)

Viele Wissenschaftler betrachten den Glauben an Gott als Aberglaube, da sie keine Beweise haben dass es Gott gibt; er sei eine unrealistische Bewusstseinstrübung, der viele Gläubige unterliegen. Allerdings ist nicht bewiesen, dass es Gott nicht gibt.

Viele richtige Werte sind u.a. durch Religionen vertreten (s.a. „table of goodness").

Spirituelle Werte (die symbolisiert sind durch Kerzenlicht) stellen etwas Göttliches dar (da überall wo Licht ist, auch Leben ist - das ist ja ein Teil von etwas Gutem).

An diese zu glauben ist sicherlich gut, aber natürlich auch an sich selbst als Teil des Ganzen. Der individuelle Geist ist in einer Glaubensgemeinschaft wichtig zur Vielfalt.

<u>**Verschiedene Religionen:**</u>   (Wikipedia)

- **Christentum (2,2 M):** Das Christentum ist eine Weltreligion, die aus dem Judentum (Vorschlag: Zu Moses 10 Geboten 2 hinzufügen: Don´t be too selfish (11), goldene Regel (12)) hervorging Ihre Anhänger werden Christen genannt, die Gesamtheit der Christen wird auch als die Christenheit bezeichnet. Von zentraler Bedeutung für das Christentum ist Jesus von Nazareth, ein jüdischer Wanderprediger, der etwa in den Jahren 28–30 n. Chr. auftrat und in Jerusalem hingerichtet wurde. Seine Jünger erkannten in ihm nach seiner Kreuzigung und Auferstehung den Sohn Gottes und den vom Judentum erwarteten Messias. In ihren Bekenntnissen nennen sie ihn Jesus Christus. Der Glaube an ihn ist in den Schriften des Neuen Testaments grundgelegt.

- **Islam (1,5 M):** Der Islam ist eine monotheistische Religion, die im frühen 7. Jahrhundert n. Chr. in Arabien durch den Mekkaner Mohammed gestiftet wurde. Der Islam wird allgemein auch als abrahamitische, als prophetische Offenbarungsreligion und als Buch- oder Schriftreligion bezeichnet. Das arabische Wort Islām ist ein Verbalsubstantiv zu dem arabischen Verb „aslama" (sich ergeben, sich hingeben). Es bedeutet wörtlich das „Sich-Ergeben" (in den Willen Gottes). Die Bezeichnung für denjenigen, der dem Islam angehört, ist Muslim. Die Pluralform im Deutschen ist Moslems oder Muslime, Muslimas, Musliminnen.

- **Säkularismus (1,1 M):** (von lateinisch saeculum ‚Zeit', Zeitalter'; auch: ‚Jahrhundert', als ‚diesseitigem' Gegensatz zur religiös-, jenseitig' verstandenen ‚ Ewigkeit') bezeichnet eine Weltanschauung, die sich auf die Immanenz und Verweltlichung der Gesellschaft beschränkt und auf darüber hinausgehende, metaphysische und religiöse Fragen verzichtet. Sie erwächst aus zwei Prozessen: zum einen aus der Säkularisierung, also dem mentalen Prozess der Entflechtung oder Trennung zwischen Religion und Staat, zum anderen aus der Säkularisation, dem konkreten Prozess der Ablösung der weltlichen Macht religiöser Institutionen.

- **Hinduismus (0,9 M):** Der Hinduismus ist auch Sanatana Dharma (das ewige Gesetz) genannt. Seinen Ursprung hat er in Indien. Anhänger des Hinduismus werden Hindus genannt (aus europäisch-kolonialistische Perspektive). Im Gegensatz zu anderen Religionen gibt es im Hinduismus keinen Religionsstifter, vielmehr entwickelten sich die religiösen Systeme Indiens über einen Zeitraum von ca. 3500 Jahren. Der Hinduismus vereint in sich mithin grundsätzlich verschiedene Religionen, die sich teilweise mit gemeinsamen Traditionen überlagern und gegenseitig beeinflussen, in heiligen Schriften, Glaubenslehren, der Götterwelt und Ritualen aber Unterschiede aufweisen. (Begriffe sind u.a. „Kasten", „Reinkarnation").

- **Buddhismus (0,38 M):** Der Buddhismus ist keine theistische Religion und hat also als sein Zentrum nicht die Verehrung eines allmächtigen Gottes. Vielmehr beziehen sich die Glaubenssätze der meisten buddhistischen Lehren auf umfangreiche philosophisch-logische Überlegungen, wie es auch im chinesischen Daoismus und Konfuzianismus der Fall ist. Er ist deshalb keine Offenbarungsreligion. Gemeinsam ist allen Buddhisten, dass sie sich auf die Lehren des Siddhartha Gautama („historische Buddha") – der Erwachte berufen. Gemeint ist damit eine fundamentale und befreiende Einsicht in die Grundtatsachen allen Lebens, aus der sich die Überwindung des leidhaften Daseins ergibt. Diese Erkenntnis ist durch Befolgung seiner Lehren in Form der buddhistischen Praxis zu erlangen. Dabei wird von den beiden Extremen selbstzerstörerischer Askese und ungezügeltem Hedonismus, aber auch generell von Radikalismus abgeraten, vielmehr soll ein Mittlerer Weg eingeschlagen werden.

- **Ethnische Religionen (0,27 M):** Alle mündlich oder durch Rituale überlieferten Glaubenssysteme, die keine schriftlich fixierten Lehren kennen. Anhänger gehören nur einer Gruppe an.

<u>**Christentum:**</u>

„Christlicher Glaube ist Hinwendung zum christlichen Gott und richtig verstandene Abwendung von sich selbst. Er gilt darum als unvereinbar mit Selbstruhm und dem Vertrauen auf eigenes Tun. Gemeinsam ist quasi allen christlichen Strömungen der Glaube, dass alles Seiende durch Gott geschaffen wurde und im Dasein gehalten wird.

Im Mittelpunkt dieser Schöpfung steht der Mensch, der aber nicht aus eigener Kraft zum Guten fähig ist (Erbsünde) und der Liebe sowie Gnade Jesu Christi bedarf, um gerettet zu werden und ewiges Leben zu erlangen. Jesus Christus ist nach der christlichen Glaubenslehre der Mensch gewordene Sohn Gottes.

Die drei Personen der christlichen Gottheit, Gott der Sohn, Gott der Vater und Gott der Heilige Geist, sind dreieinig.

Grundlage des Glaubens ist die Heilige Schrift der Bibel, die als von Gott inspiriert angesehen wird.

Ein wesentlicher Streitpunkt unter den christlichen Konfessionen ist seit der Reformation die Frage, ob der Mensch vor Gott durch seinen Glauben allein gerechtfertigt werde, wie insbesondere Martin Luther es betont hat, oder ob dazu auch die guten Werke nötig seien, weil Glaube ohne Werke tot sei, wie es im Katholizismus unterstrichen wird.

Nach allgemein christlicher Überzeugung ist der Glaube die persönliche Antwort auf Gottes bzw. Jesu Wort. Dabei geschieht diese Antwort immer in der Gemeinschaft aller Glaubenden und stellvertretend für alle Menschen. Uneinigkeit besteht in der Frage, ob die volle Wirklichkeit des Glaubens sich im Herzen des Einzelnen vollzieht (so die meisten evangelischen bzw. protestantischen Denominationen) oder ob der Glaube der Kirche ontologische (metaphysische) Priorität hat (so die katholische Lehre).

Die vom christlichen Glauben geprägte Lebensführung wird als Frömmigkeit bezeichnet.“

(Wikipedia)

Reformation der Kirche

Nach einer Umfrage 2019 würde die Kirche die Hälfte ihrer Mitglieder in Zukunft (30 bis 50 Jahren) verlieren, wenn sie nicht reformiert (was dann auch bewilligt wurde).

Hierzu meine Vorschläge:

- Symbolik: Die Kreuzigung Jesu Christi stellt nur das traurige Ende der Geschichte dar, aber nicht die Haupthandlung, nämlich seine Reden und sein Wirken, vor der Bevölkerung. So sollte man ihn in den Mittelpunkt des Altars der Kirche stellen.

- Gestaltung: Jesus trank aus einem Holz Krug und sprach davon armen Leuten zu helfen, es wäre authentischer die Kirchen wieder natürlich und schlicht zu gestalten: Gutes Stein- und Holzmaterial, helle Wände / kein dunkles Gemäuer, kein pompös mit Blattgold ausgestattetes Gebäude, nur mit bunten Glasfenstern / Beleuchtung…

- Komfort: Viele Leute würden bestimmt gerne länger gemütlicher sitzen in der Kirche, was die unbequemen (mittelalterlichen) Holzbänke nicht zulassen -> Möbel.

- Musik: Spirituelle Musik mit nicht heuchelnder Phonetik und moderne Technik.

- Ein Wasserspender, etwas Brot und Kleidung (aus dem Second-lager) in der Kirche um durstigen, hungrigen und verlumpten Zeitgenossen helfen zu können.

- Es sollte immer die Möglichkeit bestehen, ein Geistlichen mit einer Glocke herbeirufen zu können oder per Phone App mit einem zu sprechen / zu beichten.

- Ein Theologiestudent sollte im Nebenfach Medizin studieren, um zu wissen…

- Geistliche (Pfarrer, Nonnen, Mönche) sollten sich unbedingt an die Gesundheits- und Ernährungsempfehlungen (in diesem Buch) halten bzgl. der „Fleischeslust"…

- Als zusätzliche Geldeinnahmequelle könnte „die Kirche" ihr Gebäude 1 x im Monat an eine esoterische Gruppe für eine (ruhige & spirituelle) Veranstaltung vermieten…

<u>**Schule:**</u>

Vor der Schulzeit sollte man bei den Kleinen einen (psychischen und physischen) Gesundheitscheck machen, um die Schulfähigkeit zu überprüfen und ggf. Krankheiten beheben. Am Anfang der Schule sollte dann eine Sensibilisierung in Hinsicht auf die Bedeutung des Unterrichts und des Lernens für das Leben erfolgen…

In der Schule sollte man das Grundwissen lernen in verschiedenen Bereichen (Fächern). Dazu sollen die Schüler regelmäßig in den Unterricht gehen, dort zuhören, lesen und schreiben lernen, zudem noch zeichnen, singen und turnen.

Für die weitere Schule ist es sehr empfehlenswert folgende Fächer zu unterrichten:

- „Gesundheit, Bewegung und Ernährung" (damit es weniger Kranke gibt)
- „Gesetze und Recht" (damit es weniger Kriminalität und Gefängnisse gibt)
- „Geld und Finanzen" (damit es weniger Arme (-nhäuser) gibt)
- „Philosophie" (optional)

Der Lehrer sollte den Unterricht möglichst interessant gestalten, so dass die Schüler gerne in die Schule gehen und dort mitmachen. Theorien sollten klar dargestellt werden und anhand von Praxisbeispielen visualisiert werden…. am Ende des Unterrichts sollte genügend Zeit zur Verfügung (10 min)stehen, damit die Schüler über das Thema diskutieren können, was zur Persönlichkeitsbildung beiträgt, damit nicht einfach nur auswendig gelernt wird…

Die Schüler sollten zu Hause das Gelernte nochmals ein wenig üben…

Regelmäßig sollte das Gelernte überprüft werden, um ggf. einen Schüler zum Nachlernen zu bringen… dazu benötigt man ein Beurteilungssystem der Leistung.

Die folgende Grafik veranschaulicht so ein Beurteilungssystem, wobei die Idee ist, dass die Leistung prozentual beurteilt wird (wieviel % ist richtig, von dem was der Schüler geschrieben hat), um sie überall (zwischen verschiedenen Schulen) zu vergleichen (also genormt) und vergibt demnach die entsprechende Note, wobei hier zu beachten ist, dass nur der Urheber des Inhalts selber 100 % kriegt:

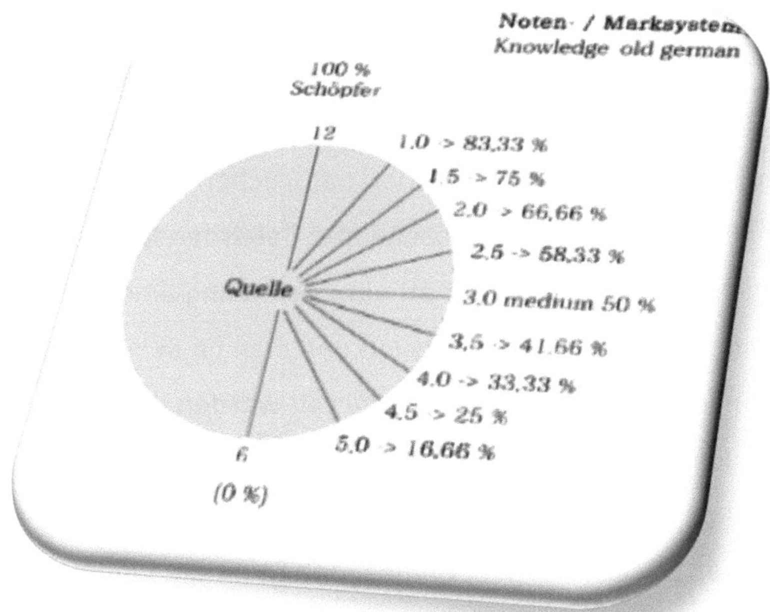

Beispiel: Für die Bewertung einer Rechtschreibprüfung sollte man eventuell kalkulieren wie viele Buchstaben ein Text hat und wie viele davon richtig geschrieben worden sind. Gerade bei ausländischen Schülern ist dieses Bewertungsprinzip verständlicher….

Tipp: Falls einem der Lehrer missfällt, sollte man sich einen neuen suchen….

Übungsidee: Da es mehrere Länder gibt (zum Beispiel China und Israel), die in eine andere Richtung schreiben als wir Europäer sollte der Lehrer diese Schreibweise eventuell mal mit den Schülern ausprobieren:

Linkshänder könnten von links nach rechts schreiben.

Rechtshänder könnten von rechts nach links schreiben.

(Dies bewirkt evtl. eine richtige Kombination zwischen Denken und Handeln…)

<u>**Sprache:**</u>

„Unter Sprache versteht man im allgemeinen Sinn alle komplexen Systeme der Kommunikation. Darunter fallen die menschlichen natürlichen Sprachen sowie auch konstruierte Sprachen, aber auch im Tierreich existieren Zeichensysteme und kommunikative Handlungen, die als Sprache bezeichnet werden, etwa die Tanzsprache der Bienen. Unter den menschlichen natürlichen Sprachen ist eine wesentliche Unterteilung die zwischen Lautsprache und Gebärdensprache (u.a. Körpersprache). Die geschriebene Sprache ist oft eine Abbildung einer Lautsprache (z. B. bei Alphabetschriften), kann aber auch davon unabhängig sein (Logografie)… weltweit gibt es ungefähr 6.000 Sprachen… derzeit werden die häufigsten 50 Sprachen von rund 80 Prozent der Menschheit als Muttersprache (und von rund 90 % auch als Zweitsprache) gesprochen. Die wissenschaftliche Disziplin, die sich mit der menschlichen Sprache allgemein beschäftigt ist die Linguistik." (Wikipedia)

Die Sprache ist ein Ausdruck des Menschen, um sich anderen mitzuteilen. Die Sprache besteht aus Tönen, Wörtern und Grammatik. Dabei sind die Phonetik, die Größe des Wortschatzes, die Wortwahl und der Satzbau maßgeblich. Auch die Schriftart, Größe und Farbe sagt etwas aus. Anhand der mündlichen Sprache kann man Geschlecht, Alter, Herkunft der Person, Bildungsgrad und evtl. auch den Beruf erkennen. Eine gemeinsame Sprache ist ein Teil der Kultur eines Volkes. Wer sich in ein Volk als Fremder integrieren möchte, sollte die Sprache dieses Volkes erlernen. Aber auch sollte ein Tourist die Landessprache können (zumindest Englisch).

> **Eine Empfehlung um günstig online Fremdsprachen zu lernen: de.babbel.com**

Besteht ein Dialog zwischen kommt es zum Austausch. Bei einer Diskussion ist oft ein Moderator hilfreich, um das Gespräch zu steuern…

Tipp: Mit Fremden spricht man über Sachthemen, mit Freunden über private Dinge.

Kreative Leute „erfinden" gerne neue Laute und Wörter, variieren Phoneme und Morphem, machen besondere Konjunktionen, neue Verballhornungen oder ändern die Morphologie - indem sie z.B. an den Buchstaben „B" zwei Nippel zeichnen…

Kunst:

„Das Wort Kunst bezeichnet im weitesten Sinne jede entwickelte Tätigkeit, die auf Wissen, Übung, Wahrnehmung, Vorstellung und Intuition gegründet ist … seit der Zeit der Aufklärung ist Kunst vor allem die Ausdrucksform der schönen Künste:

- bildende Kunst mit den klassischen Gattungen Malerei und Grafik, Bildhauerei, Architektur, Kunsthandwerk, usw.
- Musik mit den Hauptsparten Komposition und Interpretation in Vokal- und Instrumentalmusik
- Literatur mit den Hauptgattungen Epik, Dramatik, Lyrik und Essayistik
- darstellende Kunst mit den Hauptsparten Theater, Tanz und Film

Ausübende der Kunst im engeren Sinne werden Künstler genannt." (Wikipedia)

Kunst kann in vielerlei Bereichen auf unterschiedliche Art und Weise ausgeübt werden und spricht Menschen in ihren (individuellen) Gefühlen an - sie kann diese stärken aber auch schwächen. Toleranz ist die Voraussetzung für Akzeptanz.

- Man „liebt" meistens die Kunst, die einen selber positiv beeinflusst.

- Vielfalt spricht viele verschiedene Menschen an (und ist Reichtum).

- Kunst die viele (gleiche) Menschen begeistert ist ein Massenphänomen.

- Alles kann dargestellt werden: Chaos und Ordnung, Realität und Fiktion.

- Je qualitativ hochwertiger die Kunst ist, desto besser ist sie.

- Die perfekte Geometrie (einer Kugel) hat etwas Harmonisches.

- Kunst kann u.a. auch politisch und wirtschaftlich verwendet werden.

- Kunst kann eine Ablenkung oder Inspiration bei der Arbeit bedeuten.

Anmerkung: Erfolgreiche Künstler sollten Nachwuchstalenten (mit Geld) helfen…

<u>**Formen:**</u>

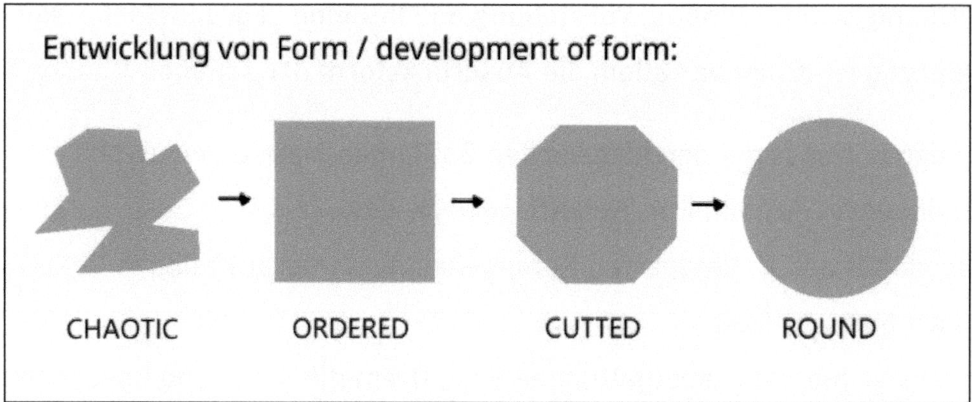

CHAOTIC: Asymmetrisch, unharmonisch, unausgeglichen, instabil

ORDERED: Gerade, symmetrisch, aber eckig und nicht rund (unharmonisch)

CUTTED: Wie Würfel, aber weniger harte Ecken (harmonischer)…

ROUND: Harmonisch, symmetrisch, stabil – immer ausgeglichen (im Gleichgewicht), gleicher Abstand von der Mitte zum Rand = perfekte Form in der Geometrie und damit die <u>Orientierung im Mittelpunkt</u> der folgenden Grafik:

<u>**Farben:**</u>

„Die Farbe ist ein im alltäglichen Leben, in der Wissenschaft und in der Kunst in sehr vielfältiger Weise verwendeter Begriff" (Wikipedia). Farben haben bestimmte Bedeutungen aufgrund ihrer Verbindung zu natürlichen Dingen, aber auch einen mythologischen Hintergrund* den diese Farben aus „europäischer Sicht" haben:

- weiss: Stern = Licht, Energie, Leben (-> meistens oben*)
- gelb: Zitrone = sauer, vitalisierend, erquickend
- grün: Pflanzen = wachsend, wandelnd, formend
- gelb-orange: Mandarine = fruchtig, süß, vitaminreich
- orange: Karotte, Möhre = Ballaststoffe, Vitamin A(uge)
- rot: Feuer, Rose, Blut = heiß, romantisch, bindend (-> rechts*)
- lila, rosé: Flieder (Schmetterlinge), Eros / Cupido, Trauben, UV
- blau: Wasser, Himmel = cool, erfrischend, freiheitlich (-> links*)
- dunkelblau: Tiefsee = geheimnisvoll, strömend, reinziehend
- schwarz: Weltraum, Höhle = dunkel, nichts, kalt, tot (-> unten*)

Man sagt zwar, dass in der Farbe Weiß alle Farben enthalten sind, aber es liegt die Vermutung nahe, dass das weiße Licht alle Farben der Dinge zum Vorschein bringt.

Auch wenn man Farben mit Dingen verbinden kann und sie damit bestimmte Bedeutungen haben und gewisse Gefühle beinhalten, kann man den persönlichen Geschmack nicht verallgemeinern, da dieser mit den eigenen Farben und Vorlieben zusammen hängt. Schönheit ist eher eine Frage der Form als der Farbe…

Andere Lebensformen sehen diese Farben teilweise anders. Künstliche Farbgebung bleibt hier unbeachtet, da sie auf Willkür beruht; zudem können künstliche Farben unruhig machen, natürliche Farben sind eher beruhigend (sicherer). Wenn man Dingen eine falsche Farbe gibt (z.B. Büchern, Videos, Audios) ist das wie Schminke oder Kleidung, die nicht zu einem passt – der Bezug („Kontext") ist dann falsch. Materialfarbe für Holz, Metall, Stein, Zement sollte ebenso das Bewusstsein über das Material nicht verfremden, da man sonst in einer Unwahrheit (Lüge) lebt…

Formen und Farben:

Die Welt ist zwar reicher, wenn sie vielfältiger und somit auch bunter ist – und nicht eintönig und somit arm – aber der Anspruch von Wahrheit und Ordnung ist da….

Führt man Form und Farbe zusammen entsteht folgende <u>Querschnitts</u>-Grafik:

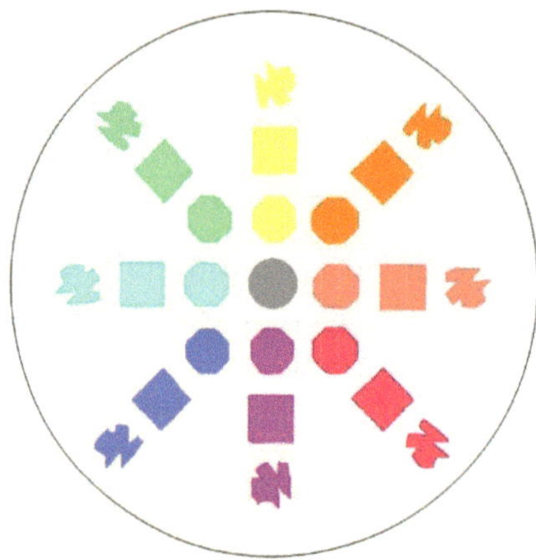

Nimmt man die obige Grafik auch als Vorlage für die Erde entsteht folgende Karte:

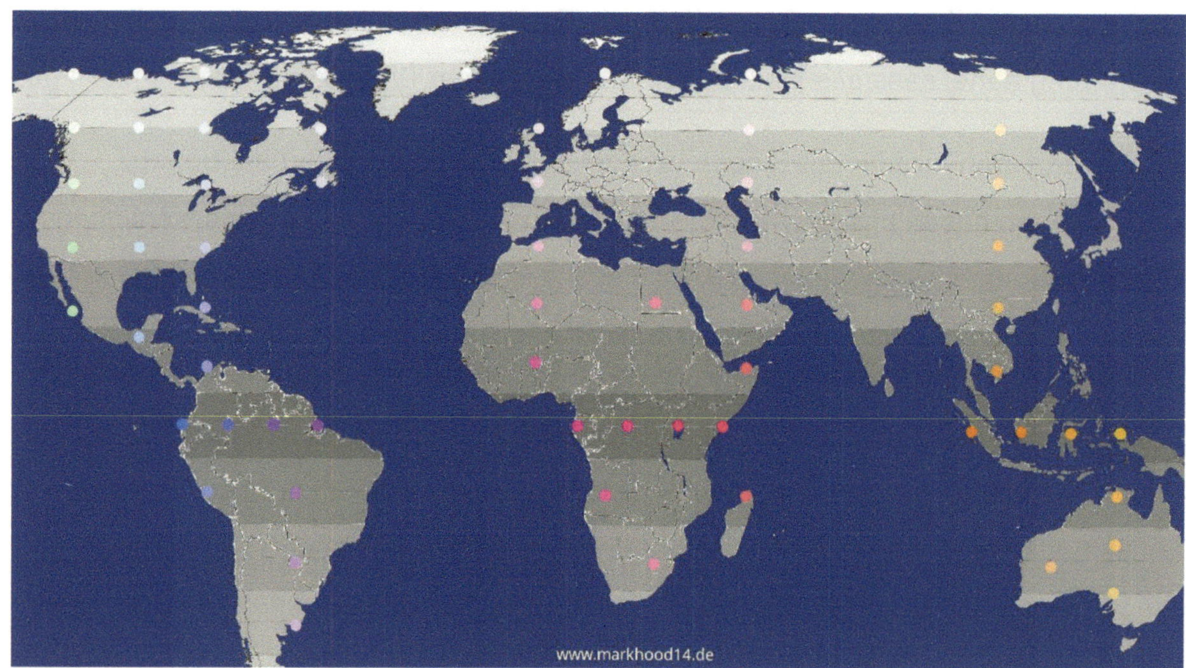

<u>**Musik:**</u>

„Musik ist eine Kunstgattung, deren Werke aus organisierten Schallereignissen bestehen. Zu ihrer Erzeugung wird akustisches Material, wie Töne, Klänge und Geräusche, innerhalb des für Menschen hörbaren Bereichs, geordnet." (Wiki)

Die <u>Kunst</u> dabei <u>ist</u> nicht nur das <u>Komponieren</u>, sondern auch das <u>Singen / Spielen</u>…

„Aus dem Vorrat eines Tonsystems werden Skalen gebildet. Deren Töne können in unterschiedlicher Lautstärke bzw. Intensität (Dynamik), Klangfarbe, Tonhöhe und Tondauer erscheinen. Melodien entstehen aus der Abfolge von Tönen sowie ggf. Pausen in einem zeitlich festgelegten Rahmen (Rhythmus, Metrum und Tempo, ggf. eingebettet in Takte). Aus dem Zusammenklang (der Harmonie) mehrerer Töne (Akkorde) von jeweils anderer Tonhöhe erwächst Mehrstimmigkeit, aus den Beziehungen der Töne untereinander entsteht Harmonik". (Wiki)

„Musik kann unter anderem auch als Zeichensystem betrachtet werden. So kann Musik intendierte Bedeutungen beim aktiven, verstehenden Hören kommunizieren. Das Hören stellt insofern einen strukturierenden Prozess dar, in dem der Hörer ikonische, indexikale und symbolische Zeichenqualitäten unterscheidet und kognitiv verarbeitet. Dies beruht einerseits auf den Urerfahrungen des Menschen, Schall-ereignisse bildhaft zu hören und zuzuordnen – z. B. Donner als bedrohliches Natur-ereignis – und emotional zu reflektieren, andererseits auf der ästhetischen Aneig-nung der akustischen Umwelt. Diese reicht von der Funktionalisierung der Ton-gebilde als Signale bis zur symbolischen Transzendenz ganzer Werke" (Wiki).

Über den Kanon der musikwissenschaftlichen Disziplinen hinaus ist Musik Gegen-stand der Forschung z.B. in Mathematik, Kommunikationswissenschaft und Medizin.

Musik = Kommunikation und „Information"

„Musik wurde oft als Einheit zwischen Tanz, Kultur und Sprache oder als Einheit von Poesie, Tanz und Tonkunst aufgefasst. An der Wende zum 20.Jahrhundert ist durch die Schallaufzeichnung die technische Reproduktion von Musik möglich geworden und erhöhte die Präsenz und Verfügbarkeit von Musik enorm, gerade durch die Massenmedien und dann auch durch die digitale Revolution und das Internet." (Wiki)

<u>Es gibt verschiedene Musikrichtungen:</u>

Flötenmusik, Vogelgesang, Volksmusik, Riten Musik, kultische Zeremonien, weltliche Musik, Instrumentalmusik, traditionelle afrikanische Musik, Chormusik, romantische Musik, Ballettmusik, Kindermusik, Filmmusik, Unterhaltungsmusik, Tanz und Salonmusik, Operette und Musical, Jazzmusik, Popmusik, Rockmusik, Heavy Metal, Rap, Reggae und Tala, Technomusik, Industrial, ThirdStream, Digital-Hardcore, Crossover und Weltmusik.

Man kann sich Musik kostenlos im Radio anhören und danach eine Kopie über das Internet für 1 € kaufen - Musik muss bezahlt werden, damit der Musiker durch die Einnahmen leben (bzw. seine Kosten bezahlen) kann. Das ist wichtig…

Um Musik, Gesang und Geräusche richtig zu hören, muss das <u>Ohr gesund</u> (beim Ohrenarzt prüfen!) und die <u>Audiotechnik qualitativ gut</u> sein (das kann man messen).

Ansprechend ist meistens eine Musik deren Inhalt zu der momentanen emotionalen Lebenslage des jeweiligen Zuhörers passt. Alkohol und Drogen können Musik zwar intensivieren, aber auch der psych. und phys. Gesundheit entsprechend schaden…

An der (eigenen) Stimme kann man die Seele hören - ob man gut im Leben steht.

„Wenn du wissen willst, wer du selber bist, dann hör Dich mal an… „ ☺

Musik kann auch Medizin (für die Seele) sein.

Musik könnte ins Weltall gesendet werden, wobei die Frage wahrscheinlich nicht ist, ob etwas zurückkommt, sondern wann…

Anmerkung:

Musik ist zwar sehr wichtig für die Stimmung und die Seele, aber nicht die Haupt-handlung. Im Theater sitzen die Musiker in einem Orchestergraben zwischen Zuschauerraum und Bühne – dieser Aufbau ist entsprechend sinnvoll gemacht.

Emotionen:

Jeder Mensch hat (individuelle und kulturelle) Gefühle / Emotionen und seine / ihre
Handlung (die mathematisch und technisch stimmen muss, damit sie funktioniert)
ist durch diese mehr oder weniger beeinflusst, was im Grunde genommen integer
ist, da sie zu etwas weiterem Emotionalem führen (siehe Kapitel Philosophie). Dabei
kann man zwischen guten und schlechten Emotionen unterscheiden. Meistens
führen positive Emotionen zu positiven und negative zu negativen. Gefühle sollte
man zum Seelenwohl in der richtigen Stärke ausleben (zum Beispiel singen, freuen
oder weinen) und nicht in sich „reinfressen", um sie auszudrücken, zu entfalten, los
zu werden (durch Expression), was gut für die Stimme (Ausdruck der Seele) ist...

Im Folgenden ist eine Grafik (mit dem Ansatz der Normalverteilung von Gauß) zu
sehen, die den Einfluss und Ablauf von Gefühlen im Moment zeigen soll:

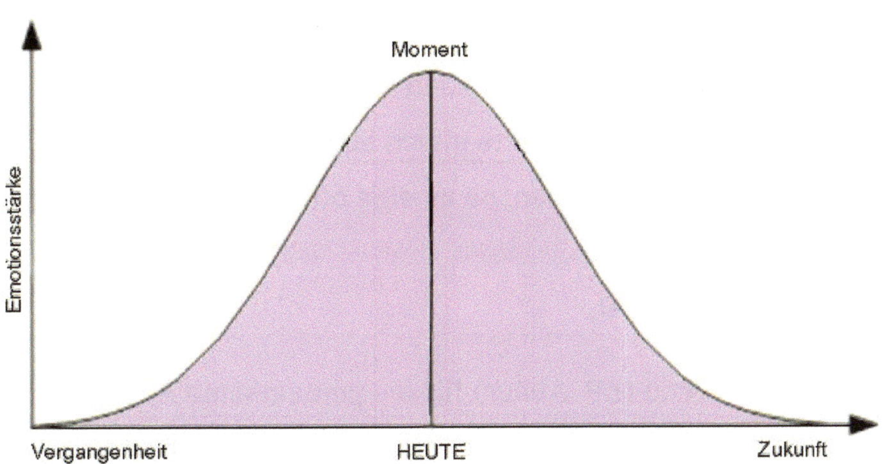

Die zeitliche Skalierung (x – Achse) kann bei Menschen sehr unterschiedlich sein.

Anmerkung: Die Seele kann auch aus einem Pärchen (z.B. femme + man) bestehen...
Wenn man sich in die Stimme des anderen verliebt, liebt man auch dessen Seele.
(Man kann auch unterschiedlich aussehen dabei, außer man kennt nur sich selbst.)

<u>**Partnerwahl:**</u>

Die Gesellschaft ist etwas fehlgeleitet durch ältere Generationen, die in einer Zeit groß geworden ist, als ein Mangel da war an materiellen Dingen und Frauen nicht die gleichen Einkommensmöglichkeiten auf dem Arbeitsmarkt hatten wie die Männer. In dieser Zeit kam es aufgrund dieser Faktoren zu vielen Partnerschaften und Ehen, in denen die Partner nicht so ganz zueinander gepasst haben, andere Dinge waren in dieser Zeit wichtiger, wie zum Beispiel die finanzielle Sicherheit. Man hat dann als Schlussfolgerung auch mal einen Ehebruch zum Spaß toleriert. Mittlerweile haben sich die Einkommen von Frauen etwas verbessert, sind aber immer noch geringer als die der Männer aufgrund des Leistungsunterschieds. Deshalb ist es sinnvoll sich zusammenzutun (und eine gemeinsame Kasse zu haben) z.B. in Form einer Zugewinngemeinschaft, wobei die Frau dem Mann als Ausgleich (Schönheits- und Liebes-) Gefühle gibt. Meistens hat man gleiche Gefühle mit ähnlichen Menschen, durch die man sich verstärkt fühlt, mag dann aber doch eventuell etwas an einem unähnlichen Menschen, dass man selbst nicht hat, aber braucht im Leben. Die Gefühle des anderen kann man an dessen Stimme (= Seele) erkennen. Die Sympathie füreinander sollte gleich stark (d.h. nicht einseitig) sein und beide sollten am Anfang besprechen, ob es eine offene / feste Bindung ist...

Kriterien für das Zusammenpassen:

- Bildung: Gleiches Niveau (z.B. Abitur) für die gemeinsame Konversation, die über das Privatleben stattfinden sollte, für das Berufsleben gibt es Kollegen.
- Alter: Unterschied +/- 3 Jahre wegen dem Jahrgang (Sex ab 60: Konkubine)
- Größe: Männer sind in Deutschland durchschnittlich 13 cm größer (8 %), passt von der Hüfte.
- Form: Gemeinsamkeiten passen zusammen: dick & dick oder dünn & dünn
- Farbe: Gleiche Farben oder verschiedene Farben?

  a.) Gleiche Farben, wenn es nur um Fortpflanzung durch die Kinder geht, da diese eine optische Orientierung (Zugehörigkeit) zu den Eltern brauchen.

  b.) Unterschiedliche Farben, wenn die Partner eine farbliche Kompensation erreichen möchten: Man gleicht sich farblich aus und ist so kompetenter...

-> Das bedeutet, dass man mehrere verschiedene Partner im Leben hat.

<u>**Sex:**</u>

Sex ist die Voraussetzung zur Vermehrung und zum Überleben der meisten Lebewesen, ist gesund für den Körper und macht den Menschen Spaß. Anfängliche
Partnerwechsel können zu dem Ziel führen, den richtigen - „gleich" attraktiven -
Partner zu finden, den man dann vielleicht behält (aufgrund von Lust). Die Sexual-
partner sollten sich geistig einigen, körperlich von Struktur und Form (Morphologie)
zueinander passen (dazu hilft ein Handvergleich ~12 % Unterschied ist normal) und
emotional zusammenpassen (dazu sollte man auch auf die Stimme des anderen
achten, die die Gefühle wiedergibt - vielleicht sollte sie sexy klingen). Unpassende
Paare sind meistens unzufrieden, desorientiert und meckern rum, eine psychosomatische Wechselwirkung. Auch die Stellung beim Sex spielt eine Rolle. Wenn es
klappt (bei Männern meistens) kriegt die Frau auch einen „Orgasmus" (keine Allüre
aufgrund eines schöneren), was sich auf die Zuneigung zum Mann auswirkt. Beim
Mann ist dieser offenbar durch eine Ejakulation, bei der Frau durch eine Entspannung und einem vokalen Ton, die damit zusammenhängen könnte, dass das Gefühl
ihr sagt „den richtigen gefunden zu haben", was von der Mechanik der Anatomie der
Frau damit zu tun haben könnte, dass dann das Ei um den 14. Zyklustag durch den
Eileiter in die Mitte gleitet, um sich mit dem Sperma zu vermengen für ein Baby.
Auch die innere Uhr und der Blutdruck der Frau stimmen dadurch. Die Frau ist dann
lieb, zufrieden und ruhiger. Zudem werden danach Androgene (beim Mann) bzw.
Östrogene (bei der Frau) „beeinflusst", was dazu führt, dass beim Mann neues
Sperma entsteht (mit dem Nebeneffekt eines Muskeldopings) und bei der Frau die
Milchbildung (fürs Baby) angeregt wird - was den Busen nach gewisser Zeit etwas
praller und schöner aussehen lässt. Die beiden sehen dann attraktiver aus nach
einiger Zeit. Man braucht sich nicht dafür schämen - das Leben der Menschen, die
den richtigen Partner gefunden haben, kann sich um etliche Jahre verlängern (v.a.
bei Männern). Der Ort, die Umgebung (und die Beleuchtung) können sich auch sehr
auf das Paa-rungsverhalten auswirken, anregende Mittel wie Essen und Trinken
(u.a. als Aphro-disiakum), Kleidung und gewisse „Spielzeuge" wirken unterstützend.
Man sollte die Mitte finden zwischen Genuss und Askese (buddhistischer Ansatz)
beim Sex…

Statistik: Bewährt haben sich im Süden alle 3 Tage Sex (wie beim Sport), um gut
drauf zu sein, aber mindestens 1 x Woche zur Erhaltung des momentanen Zustands.

Falls es einem Mann nur um seinen eigenen Höhepunkt geht (was in vielen Beziehungen so ist), sollte er der Frau dafür (wie im Bordell) Geld (Geschenke) bezahlen:

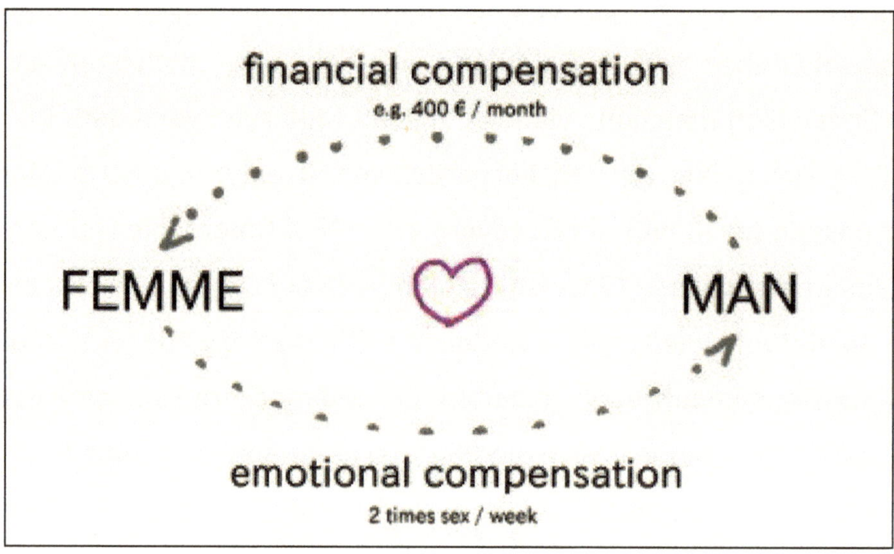

Die 400 € im Monat machen für Frauen viel aus, die nur wenig / mittelmäßig Geld verdienen; sie kann sich im Leben mehr leisten -> Fitnessstudio, bessere Kosmetik, Ernährung, Kleidung und Schuhe, er kann sagen, dass er Sex zur Entspannung nach der Arbeit (normal, aber nicht natürlich) macht…

P.S. Die Öffentlichkeit geht privater Sex eigentlich nichts an, solang es nicht dort geschieht - Schnüffler und Spanner haben nichts im Liebesleben anderer Leute zu suchen. Es gibt allerdings auch Plätze für extrovertierte Leute, wie Swinger Clubs, um sich zu „präsentieren". Männer sollten sich gegenüber Frauen wie ein Gentleman benehmen, wenn es um Sex geht - und nicht anderen Männern viel davon erzählen, da es der Frau vielleicht wegen Ihrem „Image" unangenehm ist (aufgrund von Schamgefühlen durch die Anatomie, aber auch durch die Ansichten und den Worten von Kirche, Elternhaus und teilweise der Gesellschaft). Leute, die Sex als „schmutzig" empfinden (u.a. auch wegen unreinlichen Vorkommnissen mit Spucke, Urin, Fäkalien, Blut und Dreck), haben ein unnatürliches Verständnis vom Sex - oft sagen sie „Schweinkram" dazu, verwechseln dabei aber die eigene Überernährung mit Schweinefleisch (v.a. mit Wurst und Schinken) emotional damit (weil dieses einen triebhafter durch die darin enthaltenen Hormone machen kann). Gewisse Perversionen haben dieses Gerede noch verstärkt. Oral- und Analverkehr sind zwar kritisierbar, allerdings haben Schwule (die oft hervorragende Arbeit machen) und Lesben (die genug von Männern haben) keine andere Möglichkeit mit ihrem Partner Sex zu machen. Pädophile, Nekrophilie, Sodomiten und Inzuchtfans sind „krank" und sollten vielleicht einen Psychologen oder Psychiater aufsuchen (müssen)…

<u>**Gesundheit:**</u>

Die Gesundheit ist die Basis für das Sein und sollte immer zuerst kommen. <u>Ein gesundes langes Leben scheint am meisten zu bringen</u>. Wie alt man wird, hängt nicht nur von der eigenen Genetik ab, sondern auch von der „Epigenetik" (u.a. dem eigenen Verhalten und das des Partners) – deshalb sollte das Thema „Achte auf Deine Gesundheit" in der Schule gelehrt werden durch Information und Bildung: **Sauerstoff** (Luft), **Trinken und Essen** (Ernährung), **Bewegung** (15 min. Gehen pro Tag oder 1-2 mal Sport pro Woche), **schonende Arbeit**, erholsamer **Schlaf** im verriegelten leisen Raum mit O^2 in einem warmen guten Bett (Tellerlattenrost, Kaltschaum-Matratze (~25cm), Anti-Milben-Bezug), **Gefahrenvermeidung** (S.31), gute und sichere **Lebensumgebung** (Haus in der Natur in einem Rechtsstaat), **Sonnen- und Regentage** (Klima), gute **Sitzhaltung** auf einem soliden, bequemen und entsprechend großen Stuhl (wg. dem Rücken und der Hüfte), **Ärzte** in der Nähe sowie Hygiene-, Pflege- und **Arzneimittel**, passender treuer **Lebenspartner** für Gefühle, **Sex** und Kinder (S.20-22), Transport-wege zu / von **Versorgungsläden**, bequeme **Kleidung** , Haltung des **Idealgewicht** (BMI + 10 %), da Übergewicht zu Strapazen und Schäden führt und Untergewicht eine Schwäche und Unsicherheit darstellt. **Schädliche Konsumgüter** (Alkohol, Zigaretten, Drogen, zu viel Fett und Fleisch) **vermeiden**. Zusätzlich **Sauna** (1 x im Monat), um die Derma (das Hautorgan) zu reinigen, 1 x wöchentlich eine (individuelle) **Multivitamin-tablette** nehmen zur unterstützenden Vitamin- und Nährstoffversorgung, sowie regelmäßige Gesund-heits-Untersuchungen und Tests. Für Gefühle und das **Seelen-wohl** kann man mit dem Partner, mit Freunden, in einem Club / Verein / Gruppe / Gemeinschaft, mit einem Tier und mit Medien (Musik, Filme, Spiele) was machen. Sehr wichtig ist eine **Balance** zu haben zwischen links und rechts (durch erlerntes duales Denken), dass in der Bewegung (buddhistisch) praktiziert wird und sich auf den Körper positiv auswirkt (z.B. symmetrische (Balance) Übungen machen wie gelenkschonendes Brust- oder Rückenschwimmen (im See oder Schwimmbad). Man benötigt Geld, um alles bezahlen zu können (die Arbeit dafür ist wieder von der Gesundheit abhängig).

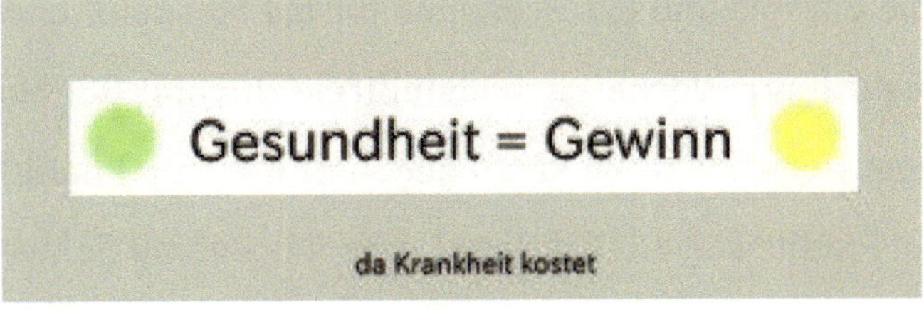

<u>**Ernährung:**</u>

Essen und Trinken ist sehr wichtig für die Gesundheit, Gefühle (Seele) und die Leistungs-
fähigkeit des Körpers. In Zusammenhang mit Arbeit und Sport kann man viel aus sich
machen. „Alles selber machen" – damit ist man eigenverantwortlich für die Ernährung…

Zuwenig zu sich zu nehmen, führt zu einer Schwäche, zu viel zu sich zu nehmen zu einem
Übermaß mit entsprechenden Nachteilen. Am BMI (Internetrechner) kann man sein Idealgewicht ermitteln, wobei hier Alter, Größe, Gewicht (und Geschlecht) berücksichtigt werden.
Falls man noch ein wenig mehr Sicherheit haben möchte, in Form von einer Reserve (für
den Winter, schlechte Zeiten, Krankheiten), kann man noch 10 % hinzurechnen.

Grundsätzlich könnte man sich (im Gefängnis) „von (reinem) Wasser und (frischem) Brot
ernähren" – da der Mensch aber zu 80 Prozent aus Wasser besteht, sollte er zur „Durch-
spülung" des Körpers (mit Nährstoffen) auch **täglich 2-3 Liter Wasser** trinken, wobei aber
die Hauptbestandteile der **Ernährung Eiweiße, Kohlenhydrate und Fette** sein sollten (v.a. bei
Kindern in keimfreier, gesunder Milch – <u>die Güteverordnung und Kontrolle sind zu verbessern!</u>). Zudem benötigt der Mensch **Ballaststoffe (Salat), Kräuter (Tee), Spurenelemente
(Jod), Vitamine (Saft), Mineralstoffe und Gewürze (gegen Parasiten)**. Die Deutsche
Gesellschaft für Ernährung gibt Ansätze, wieviel ein Mensch von etwas täglich braucht,
jedoch sollte dies wieder individuell erwogen sein. Auch ein Arzt kann mit einer Blutunter-
suchung feststellen, an welchen Bestandteilen es im Körper mangelt oder wo ein Übermaß
vorhanden ist. Wünschenswert ist ein (EDV) <u>Ernährungsprogramm für zu Hause</u>, wo man
individuelle Eingaben machen kann…

Fleisch: „Du bist was du ist"- sind die gegessenen Tiere jetzt Deine Seele? (Dr. Moreau)

Was man isst, kann man am Gebiss feststellen - im Vergleich zu anderen Lebewesen
(Pflanzen- und Fleischfressern), vor allem zu den engsten Artverwandten, den Affen. Die
meisten Affen sind Pflanzenfresser, aber es gibt auch einige Fleischfresser, die man an den
spitzen Zähnen zum Fleischreißen erkennt. Für den Menschen (4 Eckzähne von 32 Zähnen)
ist die zu **7/8** Ernährung mit **Salat** (zur Anregung der Darmperistaltik) und dann **Nudeln** (mit
Kohlenhydraten für die Energie und 13% Proteinen für die Muskeln) und zu **1/8 Fleisch:** (200g
<u>dampfgegartes</u> Rindfleisch pro Woche - <u>schadstofffreie Qualität</u> (für Muskeln und Vitamin
B12 (das im Körper gespeichert werden kann) gegen Blutanämie) natürlich. Bei normalen
Personen kann zu viel Rindfleisch zu Dickdarmkrebs führen und Schweinefleisch (auch

Wurst und Schinken) durch die Arachidonsäure Entzündungen und Rheuma hervorrufen.
Besser ist man ab und zu ein Huhn und alle 1-2 Wochen Fisch (Seelachs) oder Garnelen zur
Erbringung der Omega-3 Fettsäuren (haben nur die Tiere so fertig) für die Zellmembranen.

Wochen-Ernährungsplan:

Frühstück:	Mittagessen:	Abendbrot:
Haferflocken, Apfel, Honig	Bucatini mit Tomatensauce (Knoblauch)	Käsebrot + Tomate
Toast mit Marmelade, Nuss	Gemüsesuppe mit Huhn	Brezel + Butter
Joghurt mit Früchten	Pizza Margherita	Baguette mit Käse 2
Haferflocken, Apfel, Honig	Farfalle mit 100g Lachs (Weißwein)	Käsebrot + Tomate
Toast mit Marmelade, Nuss	Dalmatinischer Schinken mit Oliven, Gurke	Brezel + Butter
Joghurt mit Früchten	Tagliatelle mit Pilzen	Baguette mit Käse 2
Haferflocken, Apfel, Honig	200g Rumpsteak, Reis (Rotwein)	Käsebrot + Tomate

Zubereitung: Bei der Zubereitung solle man versuchen zu kochen (erhitzen im feuchten
Zustand: Dampfsterilisation), um Keime, Bakterien, Würmer, etc. abzutöten, die in dem
rohen Essen sein können. Braten ist gefährlich, da Verbranntes Krebs erregen kann.

- Pathogene Streptokokken, Listerien, Polioviren tötet man bei 61,5 °C in 30min.
- die meisten vegetativen Bakterien, Hefen, Schimmelpilze, alle Viren außer Hepatitis-B tötet
  man bei 80°C in 30 min
- Hepatitis-B-Viren, die meisten Pilzsporen tötet man bei 100°C in 5-30min (einige darüber)
- Prionen (tödliche Vettern unserer Eiweißmoleküle -> bei BSE) tötet man bei 132°C in 60 min.

Mit der Tötung dieser Krankheitserreger durch Sterilisation schützt man sein Leben (vor dem Tod) …

Mahlzeit: Wichtig ist das Essen genügend zu kauen, damit es schön zerkleinert und
zermalmt ist, was die Aufnahme im Magen und im Darm erheblich erleichtert. Digestif hilft.
Nach dem Essen sollte man den Mund reinigen: Zahnpasta und –bürste, sowie Mundwasser.
    -> Mundgeruch lässt auch auf falsches und / oder schlechtes Essen schließen...

Hygiene: Eine wichtige Komponente der Hygiene ist der Abwasch des Geschirrs und die
Entsorgung von Essensabfällen (in die Mülltonne), da diese oft Schädlinge anlocken durch
den Geruch. Auch die Toilette (bei zu viel Fleisch ist man „verstopft") sollte geputzt sein und
einen angemessen großen Sitz haben, da dies viel entspannender bei der „Abführung" ist...

<u>**Sport:**</u>

Sport klingt zunächst sehr anstrengend, wie zum Beispiel „Spurt", ist aber sehr wichtig für die Gesundheit. Die anatomische Bewegung fördert die Durchblutung und regt den Körper an Muskeln aufzubauen; auch Gelenke werden „geschmiert". Zudem bekommt man eine schöne Form, wird attraktiver. Die Bewegung ist ein Zeichen von Leben. Man kann durch Bewegung seinen Sprit (Balance) und seine Seele (Gefühle) veranschaulichen, quasi praktisch abbilden und die Einheit zwischen Geist, Seele und Körper vorführen und erhält vielleicht Lob von anderen, was sich auf das Gemüt auswirkt – eine Bestätigung es richtig gemacht zu haben, die Sicherheit und eventuell Respekt schafft. Die Aktion im Sport sollte zwar logisch sein um das Ziel zu erreichen, die Umsetzung in der Bewegung aber mit Gefühl erfolgen, d.h. dynamisch (angemessen), gleitend, rund und harmonisch….

Bewegung und Sport sind besonders wichtig bei Heranwachsenden, da sie die spätere Form maßgeblich prägen, aber auch für das mittlere Alter wichtig, um die Kraft, Ausdauer und Schnelligkeit zu haben, das Leben zu bewältigen, aber auch bei Älteren, um fit zu bleiben - bei der Ausübung zählt die „Arbeit" über lange Zeit….

1 x Woche Sport dient der Erhaltung der Leistung, mehr der Steigerung dieser….

Man sollte genau die Muskeln durch Sport aufbauen, um das eigene Körpergewicht optimal bewegen zu können, weniger führt zu Unfähigkeit in der Aktion, mehr zur Übertreibung mit entsprechenden Nachteilen in anderen Bereichen (Schnelligkeit). Deshalb grundsätzlich mit dem Eigengewicht trainieren, das ist perfekt für jedermann - Überdruck auf Gelenke und Knorpel (durch Gewichte) ist zu vermeiden.

Wer Sport macht, regt den Körper an sich anzupassen an die Tätigkeit. Was man da macht, hängt von der Vorliebe ab, allerdings sollte immer der ganze Körper Seitensynchron und die Bereiche (Schnelligkeit, Kraft und Ausdauer) ausgewogen trainiert werden. „Ohne Schweiß kein Preis" – da wird durch Bewegung viel aus dem Körper geschafft, wenn man nicht in die Sauna geht. Vermutlich bringt Bewegung das Ferrit im Blut zum „leuchten". Um aufzubauen, braucht der Körper entsprechende Substanzen (durch Essen und Trinken). Bewegung ist der beste „Fatburner", da Fett überflüssiges Gewicht ist und zu Mehrbelastung des Körpers (Gelenken, Herz) führt, auch wenn eine kleine Reserve eine Sicherheit (für den Winter) darstellt. Übermaß,

Verletzungen, Doping, Überanstrengung sollte man vermeiden. Bei Muskelkater helfen Magnesium und warme Bäder. Bei Verletzungen sollte man erst mit einem Gel kühlen und nach 3 Tagen eine wärmende Salbe zur Durchblutungsförderung auftragen. Auch Haltungsbänder sind oft hilfreich zur Unterstützung. Beim Sport ist die richtige Ausrüstung, besonders die Schuhe sehr wichtig für das Ergebnis und den Erfolg. Mannschaftssportarten fördern das Ideal des Teamplays. Meditation kann zur Verinnerlichung der mit der Sportart verbundenen Bewegung führen. Man könnte auch ein computerbasiertes Trainingsprogramm mit anonymer Anbindung an eine große Datenbank im Internet und einer Schnittstelle zu einem Gesundheits- und Ernährungsprogramm verwenden. Der Mediziner könnte auch eine kleine Fleischprobe des Körpers entnehmen, um die Konsistenz des Gewebes zu checken…

<u>Grafik zur Sauna:</u>

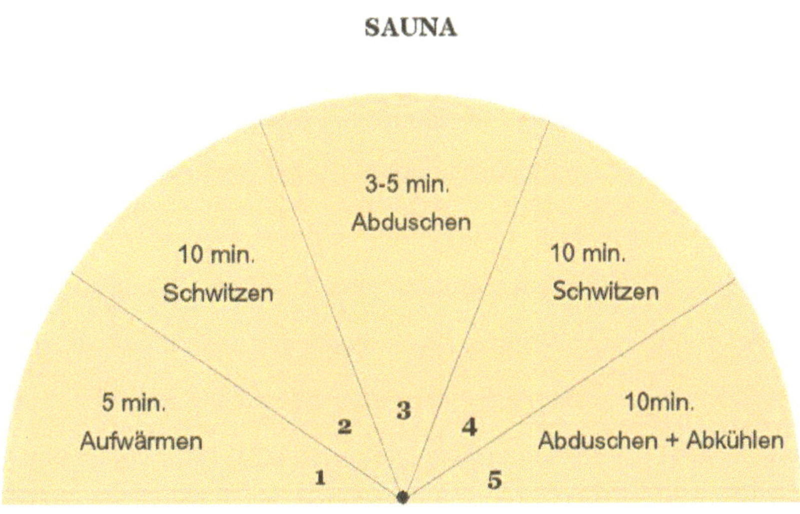

mind. 1 x im Monat

<u>**Medizin:**</u>

Die Medizin ist eine wichtige Komponente zur Gesundheit und behandelt Krankheiten im Nachhinein. Aber auch die Krankheits-Prävention (Prophylaxe) sollte ein Bestandteil in der Gesellschaft sein (quasi als Vorsorge (siehe Kapitel Gesundheit)) durch Bildung…

Medizin gab es in den meisten Ländern auf allen Kontinenten. In Europa weiße Medizin, bei den Indianern den Medizinmann, bei den Asiaten z.B. die chinesische Medizin und bei den Arabern sehr früh schon Medizin (vgl. das Buch „der Medicus"). Oft haben Religionen früher die Medizin behindert, erst die Wissenschaft hat dies geändert. Mittlerweile kann man moderne (Computer-) Technik in der Medizin benutzen und das Internet ermöglicht einen weltweiten Austausch von medizinischen Erkenntnissen. Wichtig für die Medizin sind empirische Erhebungen, Statistiken und Warnungen, besonders von bekannten Instituten (wie dem Robert-Koch-Institut). Obwohl diese zwar aktuell gesehen immer sehr wichtig sind, leben die Menschen aber oft auch nicht gesünder, was ein Bildungsproblem darstellt, das Aufgabe der Regierung ist - „wie werde ich 100 Jahre alt" könnte das neue Schulfach heißen. Ein kleines Medizinstudium (2 Jahre) wäre gut (für Theologen als Nebenfach).

Bei der Medizin spielt es eine Rolle dem Patienten die perfekte Behandlung zukommen zu lassen: Zunächst wird der Patient als Individuum mit allen persönlichen Merkmalen beim Arzt erfasst und die Daten (verschlüsselt in einer „cloud" oder auf einem „stick") für einen Medizinkollegen verfügbar gemacht; wenn er sich unwohl fühlt, findet man genau heraus, welche Ursache(n) dies hat und stellt eventuell eine Krankheit fest. Dann entscheidet man, ob es zu einer Behandlung durch Medizin (auch hier wählt man die Medizin (evtl. aus einer internationalen Apotheke) aus, die am geeignetsten ist und bei „dem" Patienten am besten in angemessener Dosierung über einen Zeitraum anspricht) oder durch einen Menschen kommt (Facharzt, der dafür geeignet und ausgebildet ist) oder. Das Ganze muss auch bezahlt werden - Kassenbeiträge könnten über Prävention gesenkt werden. Auch wenn es bedauerlich scheint, dass große (Pharma-) Firmen eher profitorientiert handeln, kann man bedenken, dass hohe Forschungs- und Entwicklungskosten auch wieder amortisiert werden müssen. Spenden von diesen Firmen an Medizinhochschulen wären „nice"…

Krankenhaus (und Reha): Die Zimmergestaltung sollte psychosomatisch „helfen" - durch Verwendung von natürlichem Material (Holz, Stein) mit durchsichtiger Schutzschicht (z.B. Lack) zum späteren Sterilisieren. Frische Luft, Bettwäsche, Kleidung und Dusche sind gut.

<u>„Offene" medizinische Erkenntnisse und Fragen</u>:

- Der Mediziner sollte Theorie in eigener Praxis leben (zum Beispiel selbst gesund aussehen).

- Unterschiede zwischen genetisch und gesellschaftlich (kulturell) bedingten Krankheiten…

- Das Wort „Antikörper" scheint ein falscher Begriff zu sein (vgl. mit Materie - Antimaterie).

- Gibt es bessere Computerprogramme für Patientendaten? Sind alle Laborwerte genormt?

- Neue DNA-Analysen und Daten -> individ. Medikamente, Blutkonserven und Transplantaten.

- Eine internationale (europäische) Apotheke wäre ein Schatz / Zugewinn an Mitteln.

- Kann man das Leben verlängern mit konservierten („kalt gelegten") Eigenhormonen?

- Chirurgie: Es sollten nur Personen mit entsprechend feinen Händen dort arbeiten dürfen…

- Frauen sollten ihren Busen nicht operieren lassen, solange sie ihn brauchen zum Stillen.

- Krebs ist oft bei beschädigten Zellen durch Verbranntes (Essen, Haut, Zigaretten, etc.) …

- Neurologie: Was einen „nerven" kann…? (z.B. ein kaputter Zahn kann der Grund sein) :-D

- Seelenkrank übers Gehör (durch Geschrei, Geplärre, Störungen (Kofferradio)) -> Stimme…

- Psychosomatische Krankheiten: z.B. Verspannungen durch falsche „Werte" (Einstellung).

- F00* Alzheimer (Demenz): psychosomatisches Vergessen <- Therapie: Biographie bei Rente.

- F01 Binswanger (Infarkt): (Cholesterin, Fett) Quelle ausschalten + Lösemittel (Granatapfel).

- F02* Parkinson: Die einfach logische Behandlung ist durch Levodopa (L-Dopa), aber die
  intelligentere wäre evtl. eine Bluttransfusion durch den Sohn, um das Erbgut aufzufrischen.

- F02* Creuzfeldt-J.: Wie Prionen unseren Proteinen ihre Struktur zur Klonung auftragen…?

- F20 Schizophrenie: Kontroverse Vergangenheit aus der Biographie erörtern und klären.

- F30-F40 Affektive Störungen kommen durch den Konsum von (rosa/rotem) Fleisch + Hitze.

- F60-F69: Persönlichkeits- /Entwicklungsstörungen: Gründe (Elternhaus, Umfeld) ändern…

- „Wie ein Vestibularproblem (in Bogengang-, Makulaorganen) zum „Schwindeln" führt…?"

- Spieler haben oft ein „Cavuum Vergae" - wie kleine Kinder… sind die zurückgeblieben?

- Ein kompletter Virenscan gibt Aufschluss über mögliche Ursachen vieler Krankheiten…

- Tiefe Erforschung (Biologie, Strategie) der 9.000 Virenfamilien -> Prävention & Medikation.

- CMV (im Sperma) hat man bereits in Prostatakrebsgewebe gefunden -> Konkubine.

- Alkohol wirkt sehr gut zur Keim-Desinfektion nach dem Essen / Sex / Ausgehen…

- Ist eine regelmäßige (alle 3-5 J.) Keim-Kur mit Antibiotika (z.B. Penicillin) nicht sinnvoll?

- Einige Patienten haben Parasiten (vor allem aus dem Urlaub im Ausland) als K.-Ursache.

- Die Bevölkerung sollte „regelmäßig" (?) rohes Sauerkraut essen gegen Bandwürmer…

- Marihuana / Hanf kann gegen Parasiten (und deren Krankheiten) als Gift nutzen….

- Bei Schäden an Knochen, Knorpeln, Gelenken und Bändern -> (Über-) Gewicht reduzieren.

- Implantate + Fremdkörper stellen Störfaktoren für das Gespür / Gefühl, die Sinne dar!

- Prothesen, orthopädische Schuheinlagen sind oft fest und passen sich nicht der

  veränderlichen Form in der Bewegung an -> Unfälle! Lösung: Hartgummi mit Dämpfung.

- Grobiane misshandeln oft Menschen im Heilbereich (z.B. eine Massage ohne Feingefühl).

- Antioxidans („versus. H2O") zur Verlangsamung der chem. Reaktion (mit e-) als Zellschutz

  (best. Selenmangel prüfen) oder einfach dafür sorgen, dass das Trinkwasser sehr gut ist…?

- Dunkle Augenringe deuten auf eine Vergiftung (durch Lebensmittel) und Organschäden hin.

- Krankheiten durch Vergiftung oder Nährstoffmangel beseitigt man mit einer Kur (3 Monate).

- Vitamine sind Krankheitsprophylaxe (und gegen „Ringe"), warum bezahlt die nicht die Kasse?

- Sind synthetische Vitamine genauso wirksam wie natürliche (mit Nebenbestandteilen)?

- Vitaminmangel kann zu Krankheiten führen – warum nicht eine regelmäßige Überprüfung?

Man sollte regelmäßig 1–2 Multivitamintabletten / Woche nehmen, zum Beispiel: www.centrum.at

Vitamine + (essenzielle) Fettsäuren + Jod + Milch:

A1	Retinol	S	Sehkraft, Zellwachstum, Haut
B1	Thiamin	N	Kohlenhydratstoffwechsels, Schilddrüsenfunktion, Nerven
B2	Riboflavin	N	gegen Migräne – fördert die Merkfähigkeit und Konzentration
B3	Niacin	N	Verwertung v. Fetten, Eiweiß und Kohlenhydraten, Haut + Nägel
B5	Pantothensäure	N	Wundheilung, Abwehrreaktion
B6	Pyridoxin	N	Nervenschutz, Eiweißstoffwechsel
B7	Biotin	N	Schutz vor Hautentzündungen, gut für Haut, Haare und Nägel
B9	Folsäure	N	gut für die Haut
B12	Cobalamin	S	bildet und regeneriert rote Blutkörperchen, Appetit, Nerven
C	Ascorbinsäure	N	Schutz vor Infektionen, Radikalenfänger, für das Bindegewebe
D3	Cholecalciferol	S	Photoschutz gegen Hautkrebs, Calciumspiegel
E	Tocopherol	S	Zellerneuerung, Entzündungen, Immunsystem, Radikalenfänger
F	Omega Fettsäuren	S	Zellmembran, Haut, Wasserhaushalt, Herz + Gefäße, etc.
K	Phyllochinon	N	Bildung der Blutgerinnungsfaktoren, Synthese von Osteocalcin
I	Jod / Iot	S	Produktion der Schilddrüsenhormone (gegen Kropfbildung)
„M"	Milch	?	Zellenaufbau, gegen Osteoporose, Bluthochdruck, Herzinfarkt

S = Vitamin / Stoff / Element wird im Körper gespeichert, N = wird nicht gespeichert.

Quelle: Wikipedia

<u>Gefahren:</u>

„Man lebt nur einmal", danach ist man für immer tot. Deshalb sollte jeder Mensch versuchen möglichst lange zu leben, indem man folgende Gefahren vermeidet:

- Verletzungen (körperlich, geistig, seelisch) durch sich oder andere
- Krankheiten (Herzinfarkte, Schlaganfälle, Krebs, etc.)
- Biologische Gefahren (Bakterien, Viren, usw.)
- Konsumgüter (Alkohol, Drogen, Zigaretten, Fleisch + Fette, Zucker)
- Verdorbene Nahrungsmittel (siehe Ablaufdatum + Herkunft)
- Armut (kein Geld für Unterkunft, Verpflegung, Medizin, Kleidung)
- Unfälle: Im Verkehr (Fahrrad, Motorrad, Auto, LKW, Schiff, Zug, Flugzeug, Hubschrauber) und Sport (Klettern, Kämpfen, Fußball, Reiten, etc.)
- Andere Menschen (Gewalt, Kriege, Morde, Körperverletzungen, Diebstahl, Raub, Vergewaltigungen, Entführungen, Misshandlungen, sonst. Verbrechen)
- Falsches politisches System (Diktatur oder Kommunismus), falsche Gesetze und Unrecht, Verstoß gegen die Menschenrechte, gefährliche Religione
- Eigene Fehler (Straftaten, Unwissenheit, falsche Handlungen, Schulden)
- Gefährliche Tiere (Raubkatzen, Hyänen, Wölfe, Bären, Büffel, Krokodile, Fische (Haie), Schlangen, Spinnen, Skorpione, Insekten, Parasiten, etc.)
- Giftige Pflanzen (Schierling, Eisenhut, Tollkirsche, Rizin)
- Naturkatastrophen (Erdbeben, Tsunamis, Tornados, Hurrikans, Gewitter, Überschwemmungen, Vulkanausbrüche).
- Risikogebiete: Wüsten (verdursten), Meer (ertrinken), Berge (herunterfallen), Eis (erfrieren), Vulkan (verglühen), Weltraum (ersticken), Himmel (abstürzen)
- Radioaktivität (Verstrahlungen durch Atomkraftwerke und Röntgen)
- Chemikalien (Verätzungen) + Dämpfe (Lungenschäden)
- Explosionen (Gas, Benzin, Chemie)
- Weltall (Himmelskörper, schwarze Löcher, Supernovas, Implosionen)
- Feindselige Aliens (diese würden aber auf der Erde wahrscheinlich an Pocken oder so sterben).

<u>**Alkohol:**</u>

Alkohol ist ein Beigemisch / Destillations- und Gärungsprodukt in Zusammenhang mit einem anderen Stoff (z.B. Trauben, Kräuter, Malz) der den Geschmack verleiht.

Beim Alkohol kommt es immer darauf an wieviel Mann (m) oder Frau (f) trinkt von dem Gemisch, dass eine bestimmte Promillezahl an Alkohol in sich birgt. Der Unterschied zwischen den Geschlechtern ist wichtig, da Frauen weniger wiegen und deren Wasserhaushalt anders ist als beim Mann. <u>Frauen vertragen viel weniger</u>…

Alkohol kann in begrenzter Menge positive Effekte haben: Man wird geselliger, offener, lockerer, gesprächiger und kann besser in der Nacht schlafen – teilweise ist Alkohol auch gut für den Magen (tötet Bakterien, etc.) zu bestimmten Mahlzeiten:

1 (f) – 2(m) Alkohol. Getränk (z.B. Prosecco) als Aperitif (romanische Tradition)

1 (f) – 2(m) Gläser Weißwein zu Fisch, Languste und Hummer (weißes Fleisch)

1 (f) – 2(m) Gläser Rotwein zu Rinderfilet oder –Steak (rotes Fleisch)

1/3 Liter (f) – 2/3 Liter (m) Bier zu Schweinsbraten, Weißwürste & Brezel

1 (f) – 2(m) Kräuterlikör (z.B. Averna) als Digestif nach dem ital. Nudelessen

Man kann auch mal mit seinem Arzt besprechen, wieviel Alkohol man persönlich verträgt und auch was Alkohol für Schäden im Körper anrichtet (z.B. an der **Leber**) – Kur mit Artischocke. Eine Leberzirrhose allerdings ist tödlich ohne Transplantation).

Mehr Alkohol kann zu Kontrollverlusten führen, man fängt an zu lallen, küsst fremde Leute, riecht dabei nach Alkohol, läuft kurvig, labert Leute an, kann sich nicht mehr mit Geheimnissen zurückhalten, wird von erfahre rennen „ausgespielt" und ist in einem übermütigen Zustand, in dem <u>leider viele noch Auto fahren und einige fahren sich tot dabei</u>. In einem Land, wo Alkoholkonsum zur Kultur gehört passiert dies öfters. Um dies zu vermeiden, sollte man vorher unbedingt eine Nachhause fahrt organisiert haben oder erst gar nicht in eine Kneipe / Bar gehen.

<u>**Zigaretten:**</u>

Zigarettenkonsum beginnt meistens mit der 1. Zigarette (von einem Bekannten) die <u>umgehend süchtig macht</u> (durch Nikotin und Zusatzstoffe), was von den meisten unterschätzt wird. Eine Zigarette an sich macht nichts, aber wenn man durch die eine süchtig wird und dann immer wieder zu einer greift, häuft sich das Ganze nach der Zeit: Man raucht dann in vielen Jahren 100.000 Zigaretten, bekommt schlechte Haut, Atem- und Lungenprobleme, vielleicht irgendwann sogar **Lungenkrebs**. Auch das Rauchen des Papiers ist schädlich, deshalb benutzen einige einen „Vaporizer".

Mittlerweile unterscheiden die Mediziner zwischen (+10) verschiedenen Lungen-krebsarten und es gibt versch. neue (genetische) Heilverfahren dafür an berühmten (Universitäts-) Kliniken, die von bestimmten Krankenkassen auch bezahlt werden.

Aber auch das Geld ist gravierend, wenn man die Kosten für Zigaretten <u>über 20-30 Jahre</u> zusammenzählt und auf **+30.000 €** kommt - dafür hätte man sich zum Beispiel auch ein (Mittelklasse-) Auto kaufen können - zu erwähnen ist hierbei auch, dass der Staat auf jede fertige Packung Zigaretten Steuern erhebt und zudem auf jede fertig gestopfte Zigarette auch noch (insgesamt +70 % der Kosten). Dann ist es günstiger selber zu stopfen: Mit Hülsen im Mega-Pack aus dem Internet, frischem Tabak im abgepackten geschlossenen Beutel und einer Stopf-Maschine).

Um vom Zigarettenkonsum (der Sucht) wieder los zukommen, braucht es einen sehr starken Willen. Es gibt zwar unterstützende Bücher, Seminare, Therapien (und eine staatliche Telefon-Hotline), aber wenn man keine Lust hat, nie mehr wieder eine zu rauchen, kann man es gleich vergessen, damit aufzuhören. **Gar nicht das Rauchen anfangen!**

Was ist gut gegen das Rauchen?

Viel Sauerstoff im Haus (durch Pflanzen, frische Luft von draußen), Sauna, Joga, Walken / Joggen, Vitamin C (Früchte, Gemüse), evtl. Akupunktur, Nikotinpflaster oder Rezeptorblocktabletten (auf Rezept). Gibt es nicht ein Mittel, dass man über 1 Jahr in den Tabak tut, dass man eine Apathie bekommt gegen das Rauchen?

<u>**Drogen:**</u>

Drogen sind sehr unterschiedlich (wie Medikamente), man kann sie kaum in ein Wort fassen. Leute, die sich mit Drogen nicht (persönlich) auskennen, wissen (emotional) gesehen gar nicht über was sie reden – sie haben davon nur gehört - man könnte dann auch sagen, folgende Stoffe sind Drogen: Dopamin, Heroin, Kokain, Amphetamin, Koffein, Nikotin, Sacharin. Manche sagen, durch Drogen verliert man den Realitätsbezug, indem sie einen für eine bestimmte Zeit in einen anderen / besseren (emotionalen) Zustand versetzen. Aber nur solange die Wirkung anhält, danach geht's einem schlechter und man will zurück in den vorherigen „besseren" Zustand, dadurch dass man wieder Drogen nimmt (usw.).

Meine persönlichen Erfahrungen mit Drogen sind:

- Es ist lustig mit Studenten „Gras" zu rauchen und über das Studium zu reden…
- Mit Hilfe von „dope & shit" kann man wirklich richtig „Scheiße labern"…
- Mit Kokain ist man „klar", die Ausdauer groß und man kommt sich „göttlich" vor…
- „Auf Speed" fängt der Kreislauf an zu rasen und man erledigt alles schnell…
- MDMA ist toll unterm Sternenhimmel – dies sollte zur Hochzeitsnacht (legal) sein.
- LSD verursacht irreale Visionen von Gesichtern und Objekten (zur Musik)…
- Heroin bewirkt eine immense emotionale und farbliche „Verspulung" (zur Musik).

Viele Drogen sind (hier) illegal, man hat aber auch das Recht auf eine bestimmte Menge für den Eigenbedarf - man kann sagen zur „Arbeitsentspannung". Die Menge ist in jedem Bundesland anders geregelt. Sehr schade ist, dass der Eigenbedarf an Drogen nicht in der Apotheke gekauft werden kann (wie in Kanada), sondern dass sie auf dem Schwarzmarkt gehandelt werden, wo immer wieder schädliche Beimischungen drin sind, die krank machen, obwohl der Arzt Drogen als „Medizin" gegen bestimmte Krankheiten verschreiben darf. Indios aus Südamerika essen ein natürlich gewachsenes Blatt der Coca pflanze („Hochblatt") am Tag zur Anregung und Vitalisierung, was dicken Menschen gut tun würde, damit sie sich mehr bewegen. Vielleicht sollte man aus diesem Grund die Möglichkeit schaffen, dieses in der Apotheke (für 1 Euro) jeden Tag legal kaufen zu dürfen. Es würde dann auch weniger Schwarzgeld aus dem Drogenhandel für den Waffenkauf verwendet.

Trotzdem würde ich nie mehr wieder (harte) Drogen nehmen, da ich dadurch mein „normales" Leben (Studium, Arbeit, Einkommen, Freundin und Familie) nicht mehr „auf die Reihe gekriegt" habe - selten vielleicht mal im privaten Raum 1 Joint Gras rauchen…

<u>**Politik:**</u>

Die Politik ging früher von Königen, Kaisern, Zaren und Herrschern aus und stellte eine Monarchie dar, von der eigentlich nur die Machthaber wirklich profitiert haben und es dem Volk schlecht ging. Später dann wurde die Republik ausgerufen, die Monarchie wurde eine konstitutionelle, aber es folgten Diktatoren und Faschismus, bis ein richtiges <u>demokratisches System</u> nach deren Fall entstand - mit mehreren Parteien, dass auch auf einem Grundgesetz (einer <u>Verfassung</u>) beruht. Das Prinzip, dass dahinter steht ist, die Gefühle der Mehrheit zu befriedigen, die meistens auch gewinnt (z.B. einen Krieg). Darauf folgte die Diskussion über die Verteilung des Geldes: Kommunisten wollten, dass alle das gleiche an Geld haben und Kapitalisten wollten, dass nur die erfolgreichen Leute das Geld haben. Beide Prinzipien gibt es noch. Eine Zwischenlösung stellt die freie soziale Marktwirtschaft dar in der Monopole verboten und die Arbeitnehmer sozialversichert sind. Jedes Volk hat die Möglichkeit alle paar Jahre (neue) Vertreter zur Regierung zu wählen, die sich immer wieder ändert, um ein <u>Gleichgewicht durch Balancieren</u> zu schaffen. Diese Vertreter sind meistens geistig sehr versiert, können sehr gut sprechen und verhandeln (auch mit dem Ausland). Die <u>Meinungs- und Pressefreiheit</u> (laut Verfassung) soll garantieren, dass das Volk nicht belogen oder die Information zensiert werden (wie es in Diktaturen war). Dadurch, dass die Politiker so gut verhandeln können, ist Diplomatie garantiert, die in Krisensituationen Kriege verhindert, was wichtig ist…

Meine Idee ist, diese Demokratie noch weiter zu verbessern - zu einer „**optimierten Demokratie**", bei der die „Stimme" jedes Wählers mit einem persönlichen Score gewichtet ist. Vielleicht könnte man mit der Score-Vergabe bei Politikern anfangen (den Score zeigen).

Nur wie beurteilt man jeden einzelnen Wähler? „Wieviel die Stimme (die Seele des Wählers) zählt, hört ein Musikstar doch…" Der IQ des Wählers ist genauso wichtig: 1,2-fach bei einem IQ von 120. Ebenso die Meinung zur Gesundheit (= ~Lebenserwartung). Folgende Formel:

Gesamtscore = 1/3 Seele (= Stimme) + 1/3 Geist (= IQ) + 1/3 Körper (=~Lebenserwartung)

Die Beurteilung von Stimme, Geist und Körper sollte ein neutrales (Ton-) Institut machen.
Die Wähler sollen die Möglichkeit haben ihren Score zu verbessern.

Es gibt Risiken (Klassifizierung, Outing) bei dieser Idee, man muss sie erstmal lokal testen.
Behinderte sollten aus Gründen der Fairness immer einen Durchschnittsscore kriegen.

Die Gesetze werden von Volksvertretern gemacht, wobei das System auf einem Grundgesetz (Verfassung) beruht. Nachdem sind „alle Menschen (rechtlich gesehen) gleich" (zu behandeln), wenn auch das Gericht, das im Einzelfall sieht – leider sind diese Ansichten manchmal naiv, teure Anwälte (der Prominenz) erzielen meistens ein besseres Ergebnis, Richter haben bereits im Vorfeld für den Staat gearbeitet. Damit sind Urteile meistens im Einfluss der Landesgefühle. Manchmal mangelt es bei einigen Politikern an Integrität – Falschheit, Heuchelei und Bestechlichkeit werden zum Vorteil des Landes toleriert, was sich schlecht auf das Verhalten der Bevölkerung und Kultur auswirkt. Es scheint auch, dass die Abgeordneten einen „Vogel" in ihrem Parlament gekriegt haben. Im (Straf-) Recht sollte die Mathematik als Leitlinie dienen, da diese universell ist, d.h. auf jedem Planeten / an jedem Ort richtig ist. Das bedeutet zum Beispiel, wenn jemand 5 Minuten eine Straftat getan hat, auch nur 5 Minuten Strafe (im gleichen Maß) kriegen sollte, damit eine zeitliche Gleichung besteht. Theoretisch tut man dem Täter immer dasselbe an, was er selbst getan hat: „Quitt pro quo", wobei man berücksichtigen muss, dass das Opfer (dass dazu berechtigt wäre) ein anderer Mensch ist und selber gar nicht das Gleiche tun kann – die Zwischenfrage ist: „Who is who?" und wie ist es „Netto"? Somit obliegt es dem Richter (und den Strafvollzugsbeamten) ein Gleichnis zu schaffen, was momentan (transzendental) gar nicht der Fall ist – auch eine zu hohe Strafe stellt ein Verbrechen dar und sollte (im gleichen mathematischen Maß) geahndet werden. Gut ist natürlich, dass Juristen eine Qualifizierung in dem Fachgebiet haben. Die Justiz ist dazu da, dass nicht jeder (ungeeignete) Laie selbst den Richter und den Henker spielt. Ein Richter muss neutral entscheiden und sollte die Strafe aufgrund persönlicher Erfahrung (als Insasse) beurteilen können. Eventuell könnte man auch eine Jury einsetzen. Eine Idee ist auch, dass der Täter selbst eine Strafe auswählen darf, wobei es auch auf das Verbrechen ankommt (relative Geldstrafe bei Finanzverbrechen, sofortiger Strafe bei momentanem Schaden, lange Haftstrafe bei längerem Schaden). Anmerken möchte ich noch, dass die Bezeichnung „Rechtsanwalt" unlogisch klingt, wenn es sich um einen linken Anwalt handelt…

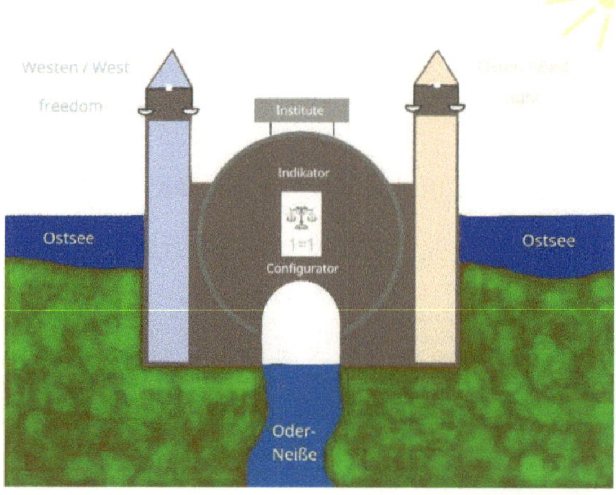

„Regelungslücken"

Das deutsche Gesetzeswerk inkomplett - „Die Leute haben Regelungslücken schamlos ausgenutzt" (Kanzlerin A. Merkel bei der Wahl 2018) + Verbesserungsvorschläge:

- Bei Strafzeiten und Verjährungen sollte die Mathematik stimmen (1=1)!
- Wer gegen das Grundgesetz verstößt begeht eine Straftat (sollte § 1 sein).
- Die Landesgesetze sollten nicht gegen internationales Recht (UN) verstoßen.
- Es gilt bei einer Straftat immer die Zuständigkeit des Gerichts am Straftatort.
- Dazwischenreden stört Leute in der Konzentration und führt zu Fehlern dieser.
- Lügen sind nicht ehrlich und somit eine Ehrenbeleidigung (vgl. 10 Gebote).
- Frauen (~ die öfters lügen) sollte man auf ihre Eignung zur Rechtslehre prüfen.
- Täuschungen (Realitätsbetrug) sind irreführend und verklären den Geist.
- Anschwärzen, Petzen, Verrat und Hintergehung sind schlechte Handlungen.
- Stalking könnte so lange bestraft werden, wie die Person gestalkt hat…
- Intrigen sind geistige Machenschaften, die anderen einen Schaden zufügen.
- Unterdrückung und Schiebung ist eine Einmischung in den redlichen Ablauf.
- Tricksereien sind technische Machenschaften, die anderen schaden können.
- Beschiss (durch Schubsen, Kieselsteinchen im Schuh) verfälscht Ergebnisse.
- Provokationen gehören eingeordnet, untersagt und (als Ordnungswidrigkeit) gerügt.
- Die Forderung einer Frau nach einem Kondom beim Sex sollte ihr Frauenrecht sein.
- Motivierung zu Straftaten durch Beischlaf könnte man gleich Anstiftung einordnen.
- Untreue sollte bestraft werden durch Untreue (Möglichkeit muss rechtl. da sein).
- Kuckuckseier und Frauenklau zerstören die Blutlinie / Dynastie einer Familie.
- Hexerei (mit Sex) sollte (durch einen Exorzisten von der Kirche) bestraft werden.
- Sexueller Missbrauch (von Kindern) der zu sex. psych. Störungen (F:52, 64, 66) der Opfer über lange Zeit führt, sollte auch entsprechend lange (1=1) entschädigt werden.
- Straftaten im Affekt durch zu hohen Fleischkonsum… (vgl. ICD10, 5.Kap. F30-39).
- Es ist falsch andere als „Marionette" (mit Diktatur) zu Straftaten bringen zu dürfen.
- Ein Kriminalfall ist nur verständlich, wenn die Tat zum Täter passt… (Aufklärung!)
- Herbeiführung von Körperverletzung und Tod durch (medizinische) Desinformation.
- Ist ein Fall aufgrund eines Irrtums passiert, sollte der Täter ins Irrenhaus gehen.
- Ist ein Fall aufgrund einer Behinderung passiert, sollte der Täter ins Behind.-heim.
- Rache zu machen ist falsch, Revanche zu fordern richtig (ist zu berücksichtigen).
- Bei misslungenem Mordversuch könnte der Täter mit einem „M" markiert werden.
- Ein Mörder sollte den Rest seines Lebens ein Foto der Leiche im Zimmer haben…

Nach dem Legalitätsprinzip haben Polizei, Zoll, Staatsanwaltschaft und Steuerfahndung die Verpflichtung zu ermitteln, wenn sie Kenntnis von einer Straftat (im Ausland) haben.

<u>**Gewalt:**</u>

„Als Gewalt (von althochdeutsch waltan „stark sein, beherrschen") werden Handlungen, Vorgänge und soziale Zusammenhänge bezeichnet, in denen oder durch die auf Menschen, Tiere oder Gegenstände beeinflussend, verändernd oder schädigend eingewirkt wird. Gemeint ist das Vermögen zur Durchführung einer Handlung, die den inneren oder wesentlichen Kern einer Angelegenheit oder Struktur (be)trifft. Im engeren Sinn wird darunter häufig eine (illegitime) Ausübung von Zwang verstanden. Der Wille dessen, über den Gewalt ausgeübt wird, wird missachtet oder gebrochen (englisch force, lateinisch vis oder violentia). Im soziologischen Sinn ist Gewalt eine Quelle der Macht (nicht Ohnmacht)." (Wikipedia)

Man kann Gewalt als falsches Mittel zur Existenzerhaltung sehen (außer bei Notwehr).

„Gewalt" im Sinne von Walten findet sich wieder in Begriffen wie Staatsgewalt oder Verwaltung. Die **Gewaltenteilung** ist ein tragendes Organisations- und Funktionsprinzip der **Verfassung eines Rechtsstaats**. Sie bedeutet, dass ein und dieselbe Institution grundsätzlich <u>nicht</u> verschiedene Gewaltenfunktionen ausüben darf, die unterschiedlichen Hoheitsbereichen staatlicher Gewalt zugeordnet sind. Sie bedeutet aber auch, dass dieselbe Person nicht verschiedenen Institutionen angehören darf. Nach historischem Vorbild werden dabei die drei Gewalten unterschieden:

- **Gesetzgebung (<u>Legislative</u>)**
- **Rechtsprechung (<u>Judikative</u>)**
- **ausführende Gewalt (<u>Exekutive</u>)**

Die Verteilung der Staatsgewalt auf mehrere Staatsorgane dient dem <u>Zweck der Machtbegrenzung und der Sicherung von Freiheit und Gleichheit</u>." (u.a. zitiert aus der Wikipedia)

Zivilrecht und Strafrecht basieren auf dem allgemeinen Gewaltverbot. Ausgenommen sind nur Situationen der Notwehr und des Notstands (gegen Gewalt und Folter, zur Festnahme (u.a. §127 StPO), bei Vergewaltigung (= Penetration mit Gewalt), zur Hilfeleistung, im Hausrecht) sowie Fälle des unmittelbaren Zwanges von Vollzugskräften des (Rechts-) Staates. Die Anwendung von Gewalt bei der Erziehung ist in Deutschland verboten." (Wikipedia)

Wenn Gewalt ausgeübt werden muss, sollte sie in angemessenem Verhältnis stehen. (üben)

P.S. Eine mehr vegetarische Ernährung führt zur Abnahme von Gewalttaten im Affekt…

<u>**Gold:**</u>

Die folgende Grafik ist ein Schaubild, wie der Ablauf zum Reichtum aufgebaut ist:

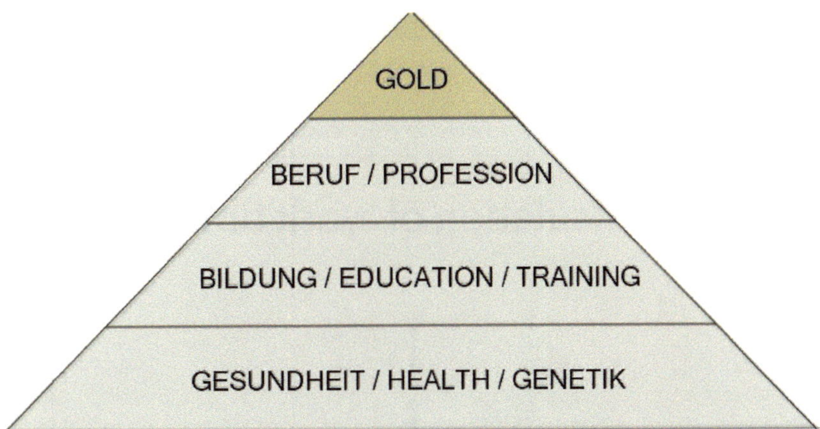

Der Prozess ist die Entwicklung zu einem wertvollen Menschen („human capital")
von unten nach oben „bottom up" , wobei zunächst alles gesundheitlich stimmen
muss (siehe Kapitel Gesundheit), dann die Schul- und Ausbildung (siehe Kapitel
Schule), dann die Ausübung des erlernten Berufs in der Arbeit (siehe Kapitel
Arbeit), was dann zu Reichtum führt… den man dann entsprechend verwenden kann
(siehe Kapitel Geld)…. man sollte sich also nicht vorher aufs Gold konzentrieren…

Jeder ist seines Glückes Schmied durch seine Tätigkeit (in Quantität und Qualität)

<u>**Arbeit:**</u>

„Als Arbeit bezeichnet man in der Physik die Energie, die auf mechanischem Weg von einem Körper auf den anderen übertragen wird, indem eine Kraft längs eines Weges auf ihn einwirkt. Die Maßeinheit ist Joule oder Newtonmeter" (Wikipedia). Demnach wäre auf den ersten Blick nur körperliche Arbeit richtige Arbeit, aber auch bei geistiger Arbeit fließt Energie, nur ist sie nicht jedem offensichtlich…

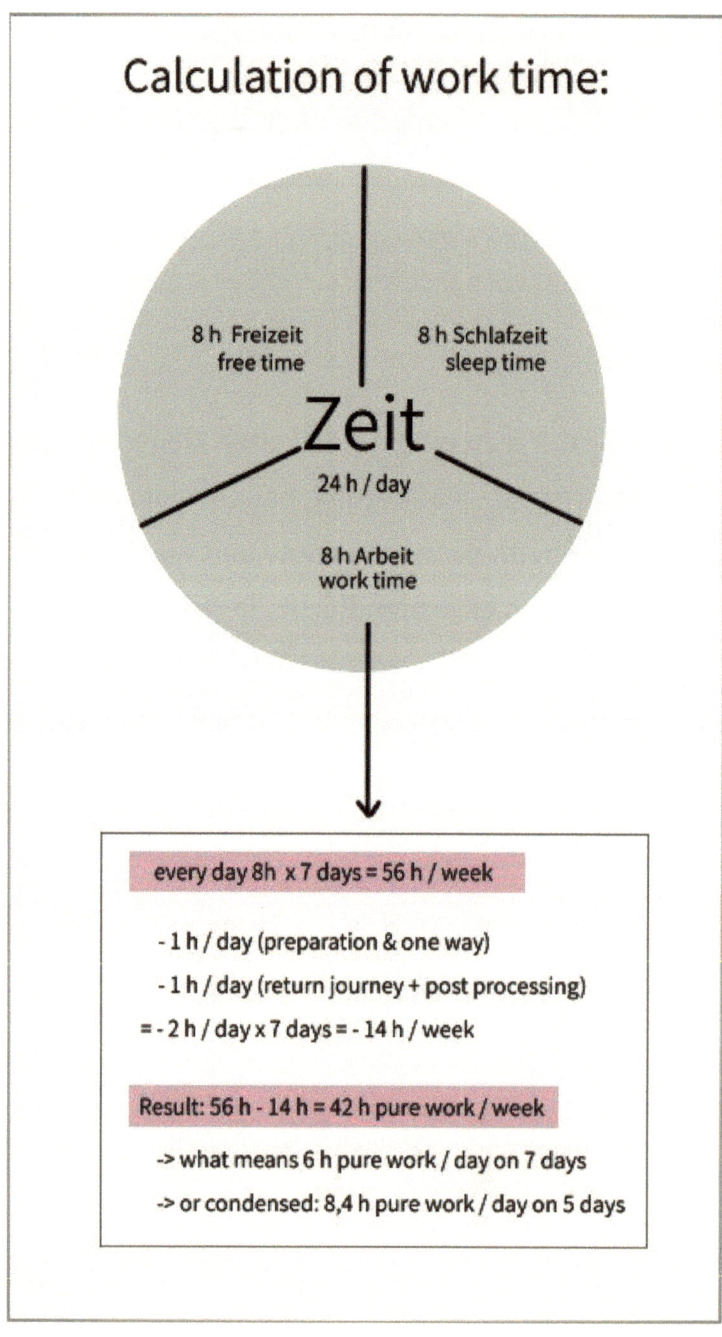

„Arbeit ist das halbe Leben" stimmt nicht, da man auch lebt, wenn man schläft…

Die Person ist entscheidend für die berufliche Rolle im Leben. Der Beruf sollte zur Genetik passen („testen"), so dass man fähig ist diesen sehr gut auszuüben. Man sollte positive Gefühle bei der Arbeit haben als Motivation. Man kann sich ein Vorbild suchen, dessen Arbeit einem gefällt. Die Selbstverwirklichung steht nach "Maslow" an der Spitze der Bedürfnishierarchie, dies ist möglich durch geeignete Arbeit.

Um eine professionelle Arbeit zu machen, braucht man zuerst eine Ausbildung – diese dient dazu etwas zu können, worin man einen beruflichen Abschluss macht. Nach der Ausbildung ist es sinnvoll in der Praxis zu arbeiten. Mit entsprechender Qualifikation in einem Bereich kann man für seine Arbeit Geld von anderen verlangen, was eine Existenzgrundlage ist – diese stärkt die Persönlichkeit und das Selbstwertgefühl. Es ist wichtig, wenn die Arbeitsleistung entsprechend mit Geld vergütet wird, damit man sich ernähren kann, brotlose Kunst bringt finanziell überhaupt nichts. Unentgeltliche Arbeiten werden von anderen zwar mit Sympathie belohnt, man kann aber auch enttäuscht werden dabei. Wichtig ist, dass jeder genau das Geld für seine Arbeit bekommt, die sie wert ist, um Frieden zwischen den Leuten zu bewahren und innere Balance zu haben zwischen „Geben und Nehmen".

Wie könnte man Arbeit finanziell bewerten? Nach Qualifikation, Status, Erfahrung, Berufsgruppen, Arbeitsleistung, Verantwortung, Dienstjahren, wirtschaftlichem Erfolgserlebnis oder zu gleichen Teilen an alle und wer beurteilt das…?

Man sollte sich bei der Arbeit auf die Tätigkeit konzentrieren und nicht auf das Geld. Die Konzentration auf eine Sache ist besser als auf mehrere gleichzeitig. Zielorientiertes Arbeiten ist wichtig, um die Arbeit in kürzester Zeit zu erledigen. Tut man die Arbeit sorgfältig, hat man ein gutes Gewissen.

Zufriedenheit durch etwas Geleistetes ist gut. 100 % Leistung ist nur möglich, wenn man sich topfit fühlt - deshalb basiert Arbeit auf Gesundheit, diese kommt immer zuerst. Ein „gesundes" Privatleben (siehe Kapitel Gesundheit) fördert die Arbeit immens. Es sollte Pflicht für Unternehmen sein, die Gesundheit der Arbeiter langfristig zu erhalten mit entsprechender Ausrüstung (zum Beispiel Knieschützer, Rückenstütze), damit über lange Zeit (ca. 50 Jahre) die Leistung der Arbeiter 100 % ist. Gesunde Arbeiter bringen langfristig mehr als verschlissene und lädierte - oft kann man sich als Unternehmer fragen, wo bei einem Arbeiter „der Schuh drückt" um das Problem zu beseitigen, was zum Gewinn führt. Außerdem entlastet diese

Für die Arbeit braucht man oft eine entsprechende Kleidung jeden Tag, die nicht schmutzig und verschlissen sein sollte. Falls die Kleidung jeden Tag in der Arbeit schmutzig wird, braucht man für jeden Tag eine eigene Garderobe, also mehrere gleiche „Uniformen", die man dann am Ende der Woche alle zusammen wäscht.

Falls die Kleidung zerschlissen wird und Löcher hat, könnte man diese sofort am gleichen Abend flicken oder sie (sich) ersetzen (lassen vom Chef) mit Identteilen.

Die Kosten für die Garderobe und auch ihre Reinigung (hier pauschal 110 €) kann man entweder selbständig als Werbungskosten bei der Steuererklärung angeben oder sie werden vom Arbeitgeber getragen (der vielleicht entsprechend dafür versichert ist), solang sie der Sicherheit dienen gesetzlich vorgeschrieben sind.

 (Wikipedia)

Kinderarbeit ist verboten (siehe Menschenrechte), da Kinder sich im Wachstum befinden und durch körperliche Arbeiten Gesundheitsschäden davontragen können.

Ein bedingungsloses Grundeinkommen sollte nur für Leute sein, die arbeitsunfähig sind. Wünschenswert wäre ein Informationssystem, das anzeigt an welchem Ort welche Arbeit gebraucht wird - die Eingaben könnten von den Bürgern gemacht werden. Letztendlich ist Arbeiten immer konstruktiver als einen Krieg zu führen…

<u>**Handwerk:**</u>

„Handwerker haben sich früher in sogenannten Zünften, Gilden oder Zechen gruppiert, die eine ständische Körperschaft der Handwerker darstellten. „Der lateinische Ausdruck für diese Vereinigungen war Kollegium." Äußeres Erkennungszeichen waren Wappen, Zeichen und Zunftkleidung. „Die Zünfte kontrollierten in den Städten die Anzahl der Handwerker und Gesellen und legten ihre Regeln schriftlich in obrigkeitlich genehmigten Zunftordnungen fest. Damit wurden die Regeln der jeweiligen Handwerksberufe aufgestellt und überwacht, beispielsweise Ausbildungsregeln, Arbeitszeiten, Produktqualität und Preise. Dadurch sicherten sie, dass nicht zu viel Konkurrenz innerhalb einer Stadt entstand. Nach innen hatten die Zünfte das Recht der Selbstverwaltung, so regelten die Meister ihre Geldangelegenheiten eigenständig, wählten ihre Vorsteher („Älteste", Altmeister und Jungmeister) selbst, hatten teilweise auch die Gesellenkasse in Verwahr, konnten Strafen verhängen und Bußgelder eintreiben, besaßen also gewisse gewerbepolizeiliche Befugnisse. Neben der wirtschaftlichen Funktion nahmen die Zünfte auch religiöse, soziale, kulturelle und militärische Aufgaben wahr. Bei schwerer Krankheit und Tod erhielten die Meisterfamilien eine Unterstützung aus der Amts Lade." „Zünfte besaßen auf die Arbeiten, auf die sie privilegiert waren, ein Monopol". Mit dem Ende der Zünfte im 19. Jahrhundert infolge der Industrialisierung und der Einführung der Gewerbefreiheit folgte eine Entprivatisierung und eine Herausnahme der Berufsausbildung aus den Zünften, da die Organisation der Berufsbildung nun staatlich geregelt wurde. Heutzutage sind die Nachfolger der Zünfte Handwerkerinnungen. „Die Mitgliedschaft in einer deut-schen Innung ist freiwillig; dagegen ist die Mitgliedschaft in der Handwerkskammer für Handwerker obligatorisch". Die Handwerksrolle ist ein Verzeichnis, in welches die Inhaber von Betrieben zulassungspflichtiger Handwerke mit dem von ihnen zu betreibenden Handwerk einzutragen sind. Die Handwerksrolle wird von den Handwerkskammern geführt. Der selbständige Betrieb eines zulassungspflichtigen Handwerks als stehendes Gewerbe ist nur den in der Handwerksrolle eingetra-genen natürlichen und juristischen Personen und -gesellschaften gestattet – dies sind meistens Handwerksmeister." (Wikipedia)

Um ein Handwerk meisterhaft zu beherrschen bedarf es einer Lehre (in der man das Handwerk bei einem Meister lernt), sowie eine Erfahrungssammlung in der Gesellenzeit, nach der man die Meisterprüfung machen kann. Mit dem Abschluss der Meisterprüfung kann man sich eigenständig machen und ein Gewerbe eröffnen.

Fürs Handwerk braucht man Stabilität, kräftige Hände und Arme und Ausdauer…

<u>Typische Handwerksberufe</u>: Schreiner, Kemptner, Glaser, Schlosser, Maler, Schmied, Schneider, Schuster, Mechaniker, Bäcker, Metzger, Gärtner, Bauer, Weber, Träger, Bildhauer, Steinmetz, Fischer, Müller, Seidenmacher, Techniker, Optiker, Akustiker, Schornsteinfeger, Isolierer, Lackierer, Konditor, Friseur, Fleischer

<u>Werkzeug und Material</u>: Beim Handwerk braucht man das Knowhow welches Werkzeug + Material man wie, zu welchem Zweck benutzt. Das Werkzeug an sich hat Qualitätsunterschiede, was die daraus resultierende Leistung und Einsatzfähigkeit betrifft. Auch der Griff + Größe des Werkzeugs ist sehr wichtig, da man an ihm die Kraft auf das Werkzeug ausübt. Der Griff ist der Dreh- und Angelpunkt und sollte eine relativ weiche Beschaffenheit haben (Weichgummi, Kork), um möglichst viel Druck von der Hand auf das Werkzeug ausüben zu können. Gute Werkzeuge sind teurer als billige. Für jedes Einsatzgebiet gibt es spezielle Werkzeuge (wie zum Beispiel Holz-, Eisen- oder Betonbohrer), was man unbedingt beachten sollte, da nur durch sie die handwerkliche Arbeit gut und richtig durchführbar ist, ansonsten kommt es zu Fehlern, Unfällen und eventuell zur Zerstörung des Werkzeugs. Beim Einsatz von Maschinen ist die Auswahl der Maschine für das spezielle Einsatzgebiet zu beachten. Es ist ein Unterschied, ob man zum Bohren eines Lochs eine Bohrmaschine einsetzt oder einen Bohrhammer, was vom zu bearbeitenden Material abhängt. Bei Maschinen spielen weitere Faktoren eine Rolle: Leistung, Größe, Bedienbarkeit, Anwendbarkeit, Flexibilität, Einstellmöglichkeiten, Energieversorgung (Strom, Akku, Treibstoff), Beschreibung, Verfügbarkeit, Lagerung, Pflege, Ersatzteile, Service und Kaufpreis. Wenn man Werkzeug einkauft, kann man auf Gütesiegel achten oder auf standardisierte Normen. Falls man spezielles Werkzeug nur für eine kurze Zeit braucht, kann man sich dieses auch leihen. Falls man das Werkzeug immer wieder mal braucht, sollte man es dann doch kaufen. Für Standardwerkzeug (Schraubenzieher, Hammer, Zange), welches man sein Leben lang hat, kann man sich gleich sehr gutes kaufen.

S. 44

Auch bei dem Verbrauchsmaterial (Schrauben, Nägel) sollte man darauf achten, für welchen Zweck es eingesetzt wird (zum Beispiel: Holznägel oder Stahlnägel)…

<u>Wortspiel Maß</u>:

Je kleiner etwas ist, desto weniger hat es im Allgemeinen an Gewicht und umso wichtiger ist es… (vgl. mit dem Wort Wicht) und umso unbedeutender oft sein Maas. Je größer etwas ist, desto mehr hat es im Allgemeinen an Gewicht, umso unwichtiger (vgl. mit dem Wort Wicht) ist es – aber umso bedeutender oft sein Maas. Das Maß dient zur Einschätzung der Bedeutung einer Sache: Große Dinge haben ein großes Ausmaß. Kleine Dinge haben ein kleines Ausmaß. Allerdings beginnt man oft mit wichtigen kleinen Dingen, die dann durch Bildung und Pflege wachsen und mit der Zeit größer werden und an Bedeutung gewinnen… da etwas Großes und Bedeutendes aus etwas Kleinem und Wichtigen entsteht, ist das „Kleine" manchmal besonders wichtig…

<u>Interessant ist Ethik und Handwerk</u>:
(Man könnte eine Studie über Handwerker machen unter Einbeziehung des IQ's.)
Der Handwerker sollte eigentlich nur ruhig seine Arbeit machen (für mind. 20 €/Std. netto)

<u>Rente für Handwerker</u>: Handwerker haben als Selbstständiger oft keine Altersversorgung in Form von einer Rente, deshalb versuchen viele Handwerker Grundeigentum zu erwerben und ein Haus selbst günstig herzustellen, um später einen Teil zu vermieten und im anderen Teil von den Mieteinnahmen zu leben…

Idee: Eine Vermittlungszentrale zur Terminvereinbarung für lokale Handwerker…

<u>**Architektur:**</u>

Die Architektur von Häusern ist von Land zu Land verschieden. Deutsche Häuser sehen anders aus wie zum Beispiel italienische oder spanische Häuser. Die typischen amerikanischen Häuser sind zum Großteil aus Holz gebaut. Japanische oder chinesische Häuser sind wiederum anders. Dort verwendet man Feng-Shui.

Es ist schön, wenn die landesübliche Kultur im Häuserbau zu sehen ist und man dazu noch die Individualität der Bewohner ein wenig erkennt. Unschön ist, wenn alle Häuser aufgrund von Rationalisierung gleich aussehen. Da der Mensch ein Individuum ist, möchte er auch sein individuelles Haus haben und nicht wie bei einem Insektenvolk die gleiche Kammer zum Wohnen, wie jeder andere. Besonders in den Großstädten ist das oft so gemacht worden (Wohnblocks). Kleine Gemeinden achten mehr auf ihr Stadtbild... Viele kleine Häuser um den Erdball verteilt sind in ihrer Gesamtheit sicherer vor höherer Gewalt, als wenige große Häuser, aber manchmal möchte man etwas zentralisieren. Bei einer Zentralisierung durch ein Gebäude, das eine Hierarchie darstellen soll, sehe ich einen geraden Kreiskegel als eines der besten Gebäude. Wolkenkratzer, wie der Turm von Babel sind bereits umgefallen. Ganz flache Gebäude sind zwar am sichersten, aber kosten sehr viel Boden und stellen nichts dar: Sie werden von der Ferne nicht gut gesehen...

Eine Datenbank über lokale Häuser wäre gut um zu planen: Mit Baujahr, Bauplan, Baumaterial, Baugrund, Baustil, Baukosten, Renovierungen, Nutzungsdauer.... Wenn man eine Statistik darüber hat, wie lange Häuser in einem bestimmten Gebiet stehen, bis sie wieder abgerissen werden, wüsste man vorher, wie lange das Haus in Betrieb sein wird und welches Material man dann beim Häuserbau verwendet...

Beim Bau der Gebäude sollten lokale Umweltbedingungen berücksichtigt werden. Umweltfreundliche Materialien und Technik sollte in allen modernen Häusern verwendet werden. Das wichtigste beim Häuserbau ist die Lage des Grundstücks, die Größe und Architektur des Hauses und die damit verbundenen Kosten...

Interessant wäre auch ein Markt mit billigem, recyceltem Material aus Altbauten....

<u>Geld:</u>

Geld ist „das Mittel zum Zweck" zur Finanzierung der Existenz und gewisse Lebens-Freuden, aber nicht der Mittelpunkt des Lebens, da der Mensch (das lebendige Wesen) im Mittelpunkt steht und nicht das Geld. Man sollte nicht die Lebensfreude durch Käufe von etwas Schönem mit Geld verwechseln, mit der Freude gesund und am Leben zu sein, was die Basis für alles ist, wozu man aber auch Geld braucht… Geld kann glücklich machen, da es die äußeren Lebensumstände sehr verbessern kann, es zu erhalten für seine (Arbeits-)Leistung (in Deutschland ~ 3.000 € brutto im Monat bei Männern) ist befriedigend und man kann so manches Unglück abwenden – im Armenhaus wird man sicher nicht glücklich. Mit Geld sollte man gut umgehen - weder verschwenderisch für unnötige Sachen (Luxus), noch zu geizig für notwendige Sachen (nicht Billigst) - und es gut anlegen: Vielleicht zunächst in einer eigenen Wohnung (damit man keine Miete zahlen muss) und danach in Aktien, die langfristig (ca. 12 Jahre) gestiegen sind oder in einer Lebensversicherung (damit jemand (Liebes) im Todesfall abgesichert ist). Die finanzielle Disziplin ist, das Geld einzuteilen, das es bis zum Ende des Lebens reicht. Geld (Taschengeld) für einen Spaß auszugeben ist lustig (für die Kinder). Tipp: Immer eine Geldreserve (5.000 – 25.000 €) haben für Reparaturen, Instandhaltung, Fachkräfte, Anwälte und Ärzte. Um ein gutes Gefühl zu haben sollte man versuchen alle Sachen selber zu bezahlen, Schulden und finanzielle Abhängigkeit erzeugen schlechte Gefühle (unglückliche). „Geld ist Zeit" bedeutet, es ist eine Erfahrungssache; deshalb wäre ein Schulfach "Geld" für junge Leute sehr sinnvoll, in dem sie den Umgang mit Geld lernen. Es gibt auch PC-Programme (z.B. Quicken) die einen finanziellen Überblick schaffen.

Oft kommt man zu Geld über Partner, vor allem im privaten Bereich durch Ehen (und Ehe-Verträge) und Erbe (hier zählt das zunächst das Testament und der Erbvertrag, sonst die gesetzliche Erbfolge und letztendlich immer die Pflichtteile).

Es ist gar nicht so falsch, wenn man finanziell gesehen auch an seine Nachfahren (Erben) denkt und nicht alles für sich beansprucht und vorher ausgibt.

PS: Inflation (Geldentwertung durch Verteuerung) könnte man vermeiden, indem die Leute trotzdem mehr Geld haben durch Einsparungen (Fleisch, Transfer, Energie)

Wertschätzung

nach dem deutschen Schenkungs- und Erbschaftssteuerrecht

Ehegatte / Partner	100 %
Kinder (pro Kind)	80 %
Enkel (pro Enkel)	40 %
Eltern (pro Elternteil)	20 %
Geschwister (z.B. pro Bruder) (warum nicht 50% ?)	4 %
Übrigen (pro Person)	4 %

Die folgende Grafik ist ein Beispiel, wie man Geld verwenden kann:

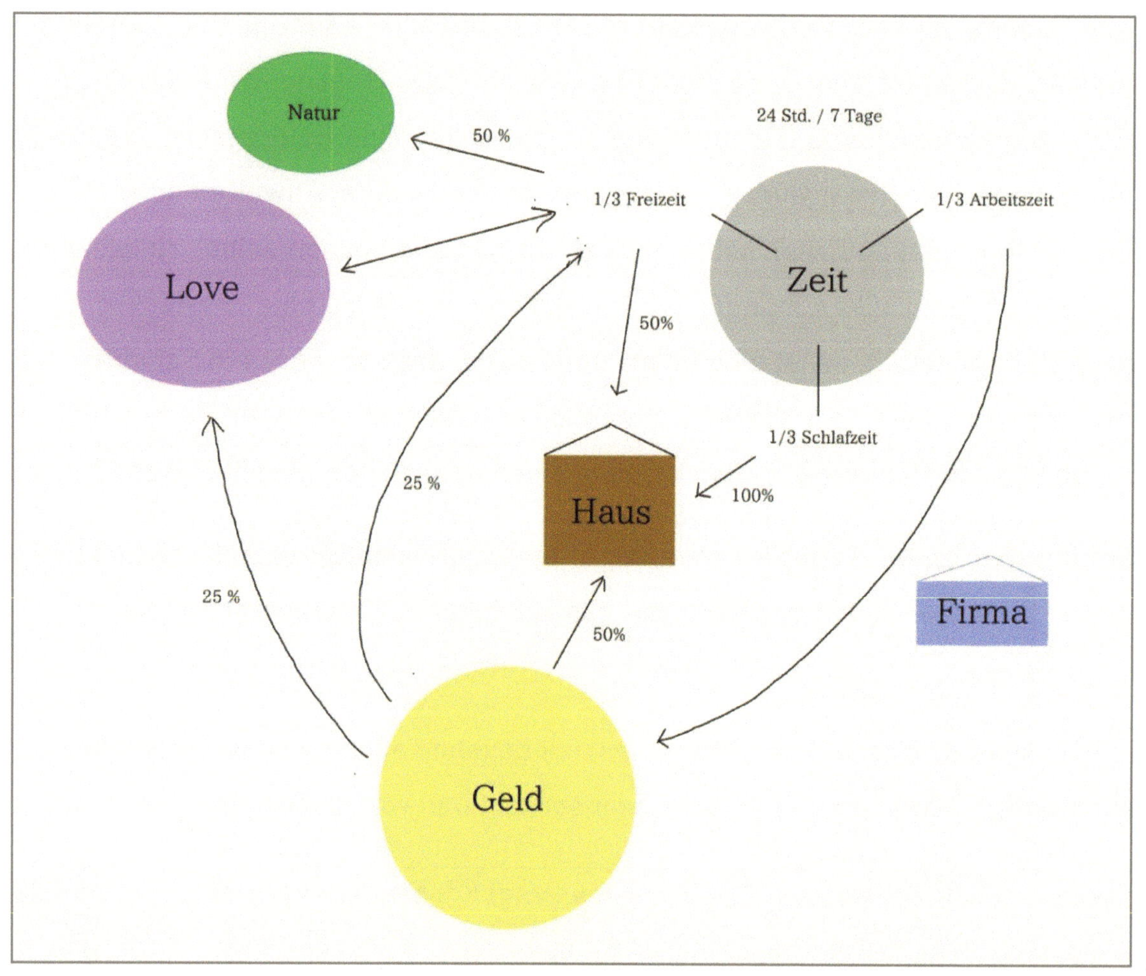

PS: Wenn der Zahlungsverkehr wegen dem Wochenende unterbrochen ist bedeutet das 2/7 Liquiditätsverlust (28,57 %)!

<u>**Steuern:**</u>

Um den Staat mit seiner Infrastruktur (Land, Straßen, Gebäuden), Ämtern und Dienern (Beamte) zu finanzieren (Schulden, Fixkosten, Investitionen, Pensionen) bedarf es der Erhebung von Steuern (Geld von der Bevölkerung) auf etwas…

Damit kann man Finanzmittel (und das Leben) von Bevölkerungsgruppen regeln.

Falls jemand in einem Land lebt und / oder arbeitet muss er / sie auch Steuern bezahlen, wobei die korrekte Buchführung und Angaben zeitnah einzuhalten sind. Steuerzahlen sollten mit Hilfe der Computertechnologie verarbeitet werden.

Scheinen einem die Steuern zu hoch, kann man bei der nächsten Wahl für eine andere Regierung stimmen oder das Land verlassen und woanders leben / arbeiten (was in der EU seit geraumer Zeit möglich ist – vgl. Schengener Abkommen…)

Das Steuersystem sollte zunächst einfach (mit guter Eingabe), aber dann doch sehr detailliert gestaltet sein, um möglichst individuell (und damit genau) zu wirken…

Die Steuerbegriffe (Definition) sollten auch für normale Menschen verständlich sein.

Steuern sollten transparent für den Bürger sein. Es schadet nicht alles zu wissen, was Steuern betrifft: Wie hoch sind die eigenen Steuern und was geschieht mit diesen? Gute Erklärungen zu Steuererhebungen werden gerne gesehen – Steuern könnten so benannt werden, dass es gleich offensichtlich ist, in welchen Bereich sie fließen – zum Beispiel: Umweltsteuer kommt dem Bereich Umwelt zugute. Das schafft Transparenz für den Bürger bezüglich der Bezahlung und Verwendung von Steuern und damit weniger Kritik an der Regierung. Steuern sollten von der Regierung nur nach bestem Wissen und Gewissen verwendet werden. Steuerveruntreuung und –Verschwendung sollte unter Strafe gestellt sein.

Man kann sich auch fragen, ob Steuern nicht die einzige Geldquelle des Staates sein sollte, da die Regierung als Gesetzgeber eine neutrale Rolle in der Wirtschaft spielen sollte und nicht „das Recht für sich machen"….

Anm.: Wenn nur eine Religion Steuern kriegt, ist das nicht im Sinne der Verfassung.

<u>**Liste der deutschen Steuern (von 2015):**</u>

Steuername:	Prozentsatz:	Anmerkung:
Umsatzsteuer (MwSt.)	19 % auf den Warenpreis	oder 7 % = ermäßigt (Bücher)
Vorsteuer	19 % auf den Kaufpreis	oder 7 % = ermäßigt (Bücher)
Körperschaftssteuer	15 % auf den Gewinn	+ Solidaritätszuschlag 5,5 %
Einkommenssteuer	14 % - 45 % auf Einkommen	Freibetrag: ~ 9.000 €
Lohnsteuer (Quellest.)	nach Steuerklasse	= Vorauszahlung auf die ESt
Kapitalertragssteuer (Quellest.)	25 % + Sonstiges	= Vorauszahlung auf die ESt
Aufsichtsratssteuer (Quellest.)	30 % der Vergütung	= Vorauszahlung auf die ESt
Erbschaftssteuer	7-50 % nach Steuerklasse	Freibeträge / Ausnahmen
Schenkungssteuer	7-50 % nach Steuerklasse	Freibeträge / Ausnahmen
Vermögenssteuer	1 % des Vermögens	abgeschafft
Grundsteuer	nach Einheitswert + Hebesatz	Gemeindesteuer
Kirchensteuer	8-9 % der Einkommenssteuer	
Gewerbesteuer	nach Gewerbeertrag	Freibetrag: 24.500€ bei Pers.
Grunderwerbssteuer	3,5 – 6,5 % (nach Land)	vom Kaufpreis + sonstiges
Versicherungssteuer	19 %	Ausnahmen (LV, RV, KV)
Energiesteuer (Mineralölsteuer)	65,45 Cent / Liter Benzin	47,04 Cent / Liter Diesel
Kraftfahrzeugsteuer	nach Hubraum + Emission	Steuer für Fahrzeughalter
Stromsteuer (Ökosteuer)	2,05 Cent/KWh	ermäßigt bei prod. Gewerben
Tabaksteuer	75 % des Kaufpreises	pro Zigarette (Schachtel)
Branntweinsteuer	nach Alkoholvolumen	bei Spirituosen + 15 % Alk.
Kaffeesteuer	2,19 € / Kilogramm	auch bei EU-Einkäufen
Schaumweinsteuer	1,02 € / 0,75 Liter	Sekt / schäumender Wein
Biersteuer	9,4 Cent / Liter	nach Liter und Stammwürze
Getränkesteuer (Schanksteuer)	5 %	abgeschafft
Lotteriesteuer / Sportwetten	20 % / 5 %	auch Pferderennen
Feuerschutzsteuer	~ 2,85 %	von (Hausrat-)Versicherung
Hundesteuer	0 – 186 € / Jahr pro Hund	nach Kommune (Gemeinde)
Vergnügungssteuer	nach Preis + Anzahl	Veranstaltung, Sex, Spielauto.

<u>Besitz:</u>

Ein Ziel im Leben ist die finanzielle Unabhängigkeit von anderen Leuten und der Besitz von Eigentum ohne Schulden zu haben. Das erzeugt ein positives Gefühl.

Eine Verschuldung belastet das Eigentum, wenn man damit haftet…

Besonders wichtig ist das Grundeigentum, da die Leute ohne Grundbesitz im Eigentum fremder Leute wohnen, was negative Gefühle bei den Mietern erzeugt.

Der Besitz eines kleinen Hauses für jede Familie („social housing") sollte ein Ziel im politischen Regierungsprogramm sein. Es gibt dann weniger Schwierigkeiten.…

Weisheit: „Klein aber mein" (keine Vermieter, Gläubiger, Kreditgeber, Verleiher)

Ebenso wichtig ist es, Sachen selber zu besitzen, bzw. der Eigentümer zu sein, anstatt sie zu leasen.

Es ist gut, wenn man seinen Besitz in Schuss hält: Pflegt, reinigt, putzt, renoviert, da der Besitz dann nicht kaputt geht und man länger davon was hat. Wertschätzung und Werterhaltung sind gut. In Japan muss man zum Beispiel Hausschuhe anziehen, bevor man das Haus betritt, damit man mit den Straßenschuhen nicht das Haus verschmutzt.…

Allerdings ist es auch nicht richtig, sich nur über den materiellen Besitz zu profilieren, da der Mensch im Mittelpunkt steht…

<u>**Produkte:**</u>

Unter einem „Produkt" ist hier ein Wirtschaftsprodukt (Ware, Dienstleistung) gemeint und nicht ein Produkt aus der Mathematik (Ergebnis bestimmter Verknüpfungen) oder aus der Chemie (aus einer chem. Reaktion entstandener Stoff). „Unter einem Produkt wird in der Betriebswirtschaftslehre ein materielles Gut oder eine (immaterielle) Dienstleistung verstanden, die das Ergebnis eines Produktionsprozesses ist – allerdings sind diese zu trennen, auch wenn sie oft in Statistiken zusammengefasst werden wie beim Bruttoinlandsprodukt … für ein physisches Produkt wird häufig auch das Wort Erzeugnis synonym verwendet." (Wikipedia)

Um Erzeugnisse zu verbessern gilt: „Der Teufel steckt im Detail" (Musik, Pharmaka, Elektro)

Es gibt Massenprodukte (in großer Stückzahl), Serienprodukte (in Varianten), Nischenprodukte (kleiner Marktanteil) und Individualprodukte (individuell hergestellt).

Die **Produktkomponenten** liegen in einer Kerneigenschaft und -funktion, Zusatzeigenschaften, Verpackung, sowie Basis- und Zusatzdienstleistungen.

Die **Produkttypen** lassen sich einteilen in Sachgüter des Konsums (Verbrauch und Gebrauch) und der Industrie (verschiedene), sowie in Dienstleistungen (konsumtive und investive). Die (mehrsprachige) **Produktbeschreibung** kann technisch (Zeichnung, CAD-Daten), kaufmännisch (mit eindeutiger Ident Nummer - Hilfe von bestimmter Nummerung), gebrauchsbezogen (Anleitung für den Käufer), wartungs- und reparaturbezogen (für Werkstätten) oder marketingorientiert (zur Ansprache potentieller Kunden) sein.

Gesprochen wird noch von **Komplementärprodukten** („ergänzen sich"), **Produktdesign** (Gestaltung von Serienprodukten), **Produktionsmitteln** (erforderliche Arbeits- und Betriebsmittel), **Produktentwicklung** (entwickeln und konstruieren eines vermarkt baren Produkts, wobei Systematik und Methode in der Arbeitsweise intuitives Vorgehen ergänzen), **Produktlebenszyklus** (Markteinführung (meistens) eines Konsumgutes bis zur Herausnahme), **Substitutionsprodukten** (austauschbarer Ersatz) und **Universal Design** (für viele Menschen ohne spezielle Anpassung nutzbar). (Wikipedia)

Man sollte zunächst wissen was man haben will (Bedürfnis), dann Produkttests ansehen, Rezensionen lesen, das Produkt auswählen und es günstig einkaufen.

<u>**Wirtschaft:**</u>

Laut Wikipedia: „Wirtschaft oder Ökonomie ist die Gesamtheit aller Einrichtungen und Handlungen, die der planvollen Befriedigung der Bedürfnisse dienen…

„Die Notwendigkeit zu Wirtschaften ergibt sich aus der Knappheit der Güter…"

Idee: Zentrales EU-Lager (Mitte in DEU) mit günstigen (EU) - Waren zur Versorgung.

Im Volksmund bezeichnet man als Wirtschaft auch eine Gaststätte oder Restaurant, da vielen Leuten die Ernährung am wichtigsten ist (wie bei den Tieren). Da die Leute dann auch Tierfleisch essen (das sie tangiert), hat sich eine Art Spirale entwickelt, die immer größer wird, je mehr Menschen es gibt, was den Planeten überlastet…

Das Vorbild sollte <u>nicht</u> ein Tyrannosaurus Rex sein, der alle anderen auffrisst…

Aber: „Der Sinn des Lebens ist zu leben"- dazu ist eine Wirtschaft notwendig…

———————————————————————————————————

Man unterscheidet auch zwischen Volkswirtschaft und Betriebswirtschaft.

VWL bezeichnet die Gesamtheit aller Wirtschaftssubjekte in einem Raum. Betrachtet wird die Leistung (BIP, Volkseinkommen), die Verteilung, die Preisentwicklung, die Struktur, die Arbeitslosigkeit, der Außenhandel. Dazu betrachtet man die Konjunktur und ihre Zyklen und macht einen Vergleich mit anderen (u.a. mit einer volkswirtschaftlichen Gesamtrechnung).

Freie Marktwirtschaft: Ein Austausch der Güter zwischen Ländern kann sehr sinnvoll sein, wenn die Länder sich auf etwas spezialisiert haben um einen gemeinsamen Vorteil zu gewinnen, vgl. Adam Smith Buch: „the wealth of nations"…

Soziale Marktwirtschaft: Die soziale Komponente in der Marktwirtschaft soll den Arbeitern und Angestellten helfen kranken-, renten-, arbeitslosen-, und pflegeversichert zu sein, damit sie versorgt sind es nicht mehr zu Missständen kommt, wie in der industriellen Revolution von früher. Wichtig ist eine breite Mittelschicht in der Gesellschaft, die einen Puffer bildet zwischen arm und reich.

Geplanter Markt: Hat nicht funktioniert, da kein Fortschritt entstanden ist….

BWL befasst sich mit der Wirtschaft in Betrieben. „Ziele sind die Beschreibung, Analyse, Erklärung und Unterstützung … von Entscheidungsprozessen in Unternehmen."

Das Ziel eines jeden Unternehmens ist es Gewinn (zur eigenen Existenz durch Geld) zu erwirtschaften. Folgende Aspekte sind hierbei zu berücksichtigen:

Ein neues Unternehmen zu gründen, ist dann sinnvoll, wenn man ein neues Produkt, zum Beispiel Software entwickelt hat, ansonsten nicht so, da es bereits schon viele alteingesessene Konkurrenten gibt. Ein Gewerbe im lokalen Bereich aufzumachen ist dann sinnvoll, wenn es genügend freie Kunden und wenig Konkurrenz vor Ort gibt. Das Preis-Leistungs-Verhältnis des Produktes / der Dienstleistung spielt eine große Rolle beim Erfolg auf dem Markt, allerdings sollte man sich dort „normal" verhalten bezüglich seiner Preise um Ärger durch die Konkurrenz zu vermeiden.

In einer globalen Wirtschaft mit gleichen Einkaufspreisen von Rohstoffen für alle Unternehmen sind Personalkosten entscheidend für die Gesamtkosten und den Gewinn. Der Standort mit dem entsprechend qualifizierten Personal (und dessen Lebenshaltungskosten) ist zu berücksichtigen bei der Unternehmensplanung. Die Unternehmensstruktur sollte aufgrund der Stabilität solide aufgebaut sein. Die Pyramide ist besser als der Turm geeignet und beinhaltet doch eine gewisse Hierarchie – noch besser ist der Kreiskegel. Beim Aufbau sollte man von unten anfangen, also dort zuerst Geld ausgeben. Werbung: Preise für TV-Werbung werden bestimmt durch eine Panel-Messung und einer entsprechenden Hochrechnung der Zuschauerzahlen; besser wäre eine tatsächliche Messung von Zugriffszahlen (im Internet). Für Handwerksbetriebe (Meister) zählt oft die „Mundpropaganda"…

Sonstiges: In Hinsicht auf die Börse sollten die Aktienstückzahlen von Unternehmen genormt sein, damit man Aktienkurse besser „vergleichen" kann.

Tipp: Laut Ernährungsempfehlung in diesem Buch mit Salaten, Nudeln + Digestif, könnten die Hausfrauen als kleines Neben-Gewerbe einen Nudelhandel anmelden (Vorschriften beachten), um die (besten) Nudeln billig / günstig beim (italienischen) Fachhändler (Metro, Großmarkt, Industriepark) ein- (evtl. auch durch Import) und weiterverkaufen zu können…

<u>**Rente:**</u>

Für die Rente spricht, dass die Altersversorgung bei vielen gewährleistet ist, da Leute aus unteren Schichten sich nicht um die Altersversorgung kümmern möchten.

Gegen die Rente spricht, dass die Kosten aufgrund der Demographie immer höher werden. Zudem kommen noch Verwaltungskosten hinzu. Man könnte die Bürger zwar dazu verpflichten, sich (zusätzlich) privat zu versichern, aber wenn die Versicherung Konkurs geht sind der Ärger und die Kosten groß….

Als Zuverdienst für Rentner könnte man altersadäquate Jobs (wie Beratung und Lehrlingsausbildung) schaffen, die die körperlichen und geistigen Umstände der älteren berücksichtigen. Dabei sollte deren Erfahrung in unveränderlichen Dingen eine Rolle spielen….

Eine gute Idee wäre es Rentner in einem großen „Pack" (1.000 Leute) in einem Ort im europäischen Ausland (zum Beispiel Ungarn) anzusiedeln, wo die Lebenshaltungskosten viel geringer sind als in Deutschland. Die Rentner würden dann viel mehr kriegen für ihre Geld (größeres Haus / Wohnung, Garten) und könnten ein besseres Leben führen (z.B. viel häufiger pro Woche zum Essen gehen), auch wenn die anderen Lebensumstände (z.B. medizinische Versorgung + Pflege) noch einen normalen Standard haben, aber halt nicht mehr Hightech wie in Deutschland. Dadurch dass man große Gruppen zusammen umsiedelt, haben alle auch Gesellschaft. Zudem wäre „älteres Gedankengut" und Denken etwas umgesiedelt und Jüngere hätten mehr Chancen in Deutschland, auch in Hinsicht auf Wohnraum.

<u>Altstadt-Idee</u>:

Falls das unerwünscht ist, könnte man auch ein(e) ganze(s) Stadt(viertel) mit denselben o.a. Kriterien für alte Leute im Inland schaffen, wo Deutsch Muttersprache ist, vor allem auch in (techn.) Hinsicht auf Altersschwächen, sowie Geh-, Seh- und Hörbehinderungen: **Barrierefrei, treppenfrei, flache kurze Wege zu Geschäften, erleichterte Bedienung.** Vorteil: Man muss nicht alles (teuer) umbauen…

© 2024 Mark Hood 14
Verlag: BoD · Books on Demand GmbH, In de Tarpen 42,
22848 Norderstedt
Druck: Libri Plureos GmbH, Friedensallee 273,
22763 Hamburg
ISBN: 978-3-7597-2364-2